现代企业破产前沿问题与制度构建探研

王舒琪　胡良刚◎著

汕头大学出版社

图书在版编目（CIP）数据

现代企业破产前沿问题与制度构建探研 / 王舒琪，胡良刚著. -- 汕头：汕头大学出版社，2023.1
ISBN 978-7-5658-4911-4

Ⅰ．①现… Ⅱ．①王… ②胡… Ⅲ．①企业－破产－研究－中国 Ⅳ．①F279.21

中国国家版本馆CIP数据核字(2023)第015491号

现代企业破产前沿问题与制度构建探研
XIANDAI QIYE POCHAN QIANYAN WENTI YU ZHIDU GOUJIAN TANYAN

作　　者：	王舒琪　胡良刚
责任编辑：	陈　莹
责任技编：	黄东生
封面设计：	乐　乐
出版发行：	汕头大学出版社
	广东省汕头市大学路243号汕头大学校园内　邮政编码：515063
电　　话：	0754-82904613
印　　刷：	廊坊市海涛印刷有限公司
开　　本：	710mm×1000mm　1/16
印　　张：	8.25
字　　数：	160千字
版　　次：	2023年1月第1版
印　　次：	2024年3月第1次印刷
定　　价：	58.00元

ISBN 978-7-5658-4911-4

版权所有，翻版必究
如发现印装质量问题，请与承印厂联系退换

前言
Preface

  我国改革开放后经济快速增长，现已是全球第二大经济体，企业作为市场经济活动的主要参加者功不可没。但在日趋激烈的市场竞争中，我国不少企业，特别是有些中小民营企业，由于实力不足、经营不善、投资失误，以及不良经济环境影响等因素，出现资金断链、生产停滞、资不抵债等债务危机问题，甚至濒临破产倒闭。国家和各级地方政府对此高度重视，纷纷出台政策、采取措施予以拯救，着力使之起死回生，以促进国民经济的健康持续发展。

  从经济学角度来说，破产是企业经营无方、成本昂贵、效益低下的体现，证明企业在市场竞争中的失败，表明经济资源配置效益低下，应该予以重新安排。从这个意义上来说，破产既是企业的终结，又是经济资源得以重生的开始，是企业摆脱困境、再造辉煌的过程中的一个环节，具有积极意义。多年来，我国的司法实践证明，破产制度不仅起到了对经济制度的重要调整作用，也实现了其应具有的社会价值，更让市场主义与大众对企业破产有了全新的认识。

  鉴于此，笔者撰写了《现代企业破产前沿问题与制度构建探研》，本书共设置四章：第一章探讨现代企业破产程序的启动，主要包括破产与破产法认知、企业破产的申请与受理、破产程序中的基本原则；第二章探讨企业破产的清算问题，内容涉及企业破产的宣告、企业破产财产的变价和分配、企业破产程序的终结、企业破产清算的内部控制；第三章从税收与税收优先权的基础知识切入，分析破产程序中保留税收优先权的必要性及行使的现实基础，探讨破产程序中税收优先权行使的完善建议；第四章研究现代企业破产预重整及其制度构建，内容囊括企业破产预重整的条件与对象选择、企业破产预重整的启动与管理模式、企业破产预重整的一般操作流程、企业破产预重整制度的构建与完善。

  本书体例严谨、分析细致、语义清晰、内容全面、操作性强，适合从事破产法律实务的法官、律师、企业法务、审计评估相关工作人员及企业管理者、法学专业学生阅读。

笔者在撰写本书的过程中，得到了许多专家学者的帮助和指导，在此表示诚挚的谢意。由于笔者水平有限，加之时间仓促，书中所涉及的内容难免有疏漏之处，希望各位读者多提宝贵意见，以便笔者进一步修改，使之更加完善。

目 录
Contents

第一章 现代企业破产程序的启动 01
 第一节 破产与破产法认知 01
 第二节 企业破产的申请与受理 05
 第三节 破产程序中的基本原则 23

第二章 现代企业破产的清算问题 25
 第一节 企业破产的宣告 25
 第二节 企业破产财产的变价和分配 27
 第三节 企业破产程序的终结 30
 第四节 企业破产清算的内部控制 33

第三章 现代企业破产中的税收优先权问题 50
 第一节 税收与税收优先权认知 50
 第二节 破产程序中保留税收优先权的必要性 66
 第三节 破产程序中税收优先权行使的现实基础 68
 第四节 破产程序中税收优先权行使的完善建议 76

第四章 现代企业破产预重整及其制度构建研究 85
 第一节 企业破产预重整的条件与对象选择 85
 第二节 企业破产预重整的启动与管理模式 92
 第三节 企业破产预重整的一般操作流程 97
 第四节 企业破产预重整制度的构建与完善 102

结束语 119

参考文献 120

第一章　现代企业破产程序的启动

破产既是债权人保护自己利益的一种手段，也是企业新陈代谢的一个契机。本章主要围绕破产与破产法认知、企业破产的申请与受理、破产程序中的基本原则展开论述。

第一节　破产与破产法认知

一、破产的制度渊源

法律角度的"破产"一词，通常是指当债务人无法清偿债务时，人民法院根据当事人的申请或依职权，经过法定程序使债务得以延缓或公平清偿的法律制度。广义上的破产制度包括个人破产和企业法人破产。

破产制度源于古罗马《十二铜表法》中的债务执行规则。在古罗马早期，当债务人不能清偿到期债务时，根据债务执行规则，债权人可以选择自力救济，可以扣押债务人的财产，也可以将债务人的人身作为执行标的。随着社会制度的发展，后一种自救方式逐渐受到限制。如果债务人提出以其全部财产供债权人分配，债权人不能以任何方式扣押债务人；如果债务人的财产不足以清偿全部债务，债权人可以向裁判官申请扣押债务人，此时，债权人仍不能出卖或杀害债务人。到奥古斯都时期，财产委付制度正式确立。根据该制度，若债务人不能清偿到期债务，经两人以上有执行名义的债权人申请，或经债务人本人做出委付全部财产供债权人分配的申请或意思表示，裁判官可谕令扣押债务人的全部财产并交由理财人变卖，再将变卖所获之价公平分配给全体债权人。

一般认为，破产法产生于欧洲中世纪的商业城市国家，《威尼斯条例》是历史上最早的成文破产法，后《米兰条例》《佛罗伦萨条例》相继产生，用于协调商人破产的相关秩序。到中世纪后期,《威尼斯条例》《米兰条例》《佛罗伦萨条例》等法律制度为欧洲大陆各国所接受,英国习惯法也吸收了其规范精神。我国第一部破产法——《破产律》产生于清朝光绪年间,后该法因非议不断被光绪帝明令废止。我国现行《中华人民共和国企业破产法》(以下简称《企业破产法》)于2006年8月27日通过,自2007年6月1日起施行。截至目前,最高人民法院针对该法的实施出台了一系列司法解释,如《最高人民法院关于债权人对人员下落不明或者财产状况不清的债务人申请破产清算案件如何处理的批复》《最高人民法院关于税务机关就破产企业欠缴税款产生的滞纳金提起的债权确认之诉应否受理问题的批复》《最高人民法院关于个人独资企业清算是否可以参照适用企业破产法规定的破产清算程序的批复》,以及《最高人民法院关于适用〈中华人民共和国企业破产法〉若干问题的规定(一)》《最高人民法院关于适用〈中华人民共和国企业破产法〉若干问题的规定(二)》《最高人民法院关于适用〈中华人民共和国企业破产法〉若干问题的规定(三)》等。

二、破产法的认知

"破产法应当包含一个常理,即每一个公司债务人至少应当有一次重整的机会——即使不是基于对公司利益的考虑,至少也是为了公司的依赖者的利益考虑。"[1]

(一)破产法的目的

法律制度的目的是维护社会秩序,平衡与协调各种利益冲突。破产法作为立法者基于社会发展需要而设计的关于破产程序的理想结果,其主要有以下四个目的。

(1)规范企业破产程序。1986年《中华人民共和国企业破产法(试行)》(以下简称《企业破产法(试行)》)和1991年《中华人民共和国民事诉讼法》(以下简称《民事诉讼法》)中的企业法人破产还债程序在规范企业破产行为、人民法院审理破产案件等问题上发挥了至关重要的作用。2006年《企业破产法》仍继续坚持这一目的,通过各种法律制度和规则的设置引导和规范债权人、债务人及其出资人等利害关系人、管理人及人民法院的行为。

---

[1]刘宁. 宣告破产后转重整的合法性分析[J]. 政法论坛,2019,37(05):169-174.

（2）公平处理债权债务关系。这是破产法最重要的目的。破产程序将对资不抵债的企业进行处理，破产程序中的利益关系繁乱复杂，涉及债务人与出资人、债务人与债权人、债权人与债权人等多种法律关系，要将债务人的有限财产在一定期间内分配给各债权人，就必须确保程序和规则的公平性，平衡各方当事人的利益，使债权人理性接受债务清偿的结果。

（3）保护债权人和债务人的合法权益。在破产程序中，由于债务人的财产无法清偿全部债务，债权人的利益几乎"天然"会受到损害（债权无法全部实现）。因此，破产法必须在最大程度上保护债权人的合法权益。但是，在保护债权人利益的同时，也要注意保护债务人的合法权益。

（4）维护社会主义市场经济秩序。在某种程度上讲，破产法处理的是市场交易过程中信用关系遭到一定程度的破坏时的善后事宜。破产程序可以使无法继续经营的债务人退出市场，也能帮助尚有一线生机的债务人重新活跃在市场交易中。维护市场经济秩序的稳定性，促进社会资源的优化配置，也是破产法律制度的重要目的。

（二）破产法的功能

破产法服务于社会改革发展大局，是重要的商事法律之一。自破产法律制度面世以来，其"调节器"的作用明显。从施行效果来看，破产法的功能主要体现在以下三个方面。

（1）公平保护债权人的合法权益。破产法赋予了债权人公平受偿的机会，如果没有破产程序，当债务人的财产不足以清偿全部债务时，其债权人只能依靠一般的强制执行程序实现债权，可能会出现部分债权人获得全部清偿，部分债权人无法获得清偿的局面。根据债权平等原则，对同一个债务人的数个债权，只要债务清偿期届至，债权人对债务人的一般责任财产都有平等的受偿权。破产法在平衡当事人利益的基础上，按一定比例公平分配债务人的全部财产，以保障同一顺位的债权人获得平等受偿，平等分担损失。

（2）赋予债务人复兴的机会。除破产清算外，破产法还设定了企业重整制度。这就使资不抵债的债务人可以在破产程序中获得一次恢复生机的机会，能够在最大限度上减少债权人、出资人的损失。从社会层面看，破产法在减少社会财富的损失和失业人口数量、保护社会稳定等方面也有着重要作用。

（3）维护社会经济秩序。市场竞争变幻莫测，优胜劣汰是现代经济生活中的普遍规律，破产程序既能赋予资不抵债但实力尚可的债务人一线生机，加强企业市场观念，激发经营者锐意改革，也能有效清理破产企业，公平处理债权债务关系，帮助债务人体面地退出市场，切断其与外界的交易，防止债务膨胀，及时止损。总体而言，破产法对优化社会资源配置、维护社会公共利益、维护市场经济的稳定性起到了显著作用。

（三）破产法的原则

破产法的基本原则，是指贯穿于破产立法，对各项破产制度和破产规范起统率和指导作用的一般准则。通常认为，我国破产法遵循以下两项基本原则。

1.破产法的国家干预原则

国家干预原则是指为保证破产程序公正有序进行，维护社会公共利益，国家行政机关和司法机关通过行政、司法行为干预破产程序。根据干预主体的不同，国家干预原则具体表现在行政干预和司法干预两个方面。

（1）行政干预是指行政机关对破产程序的干预，如对破产程序的开始、具体的破产活动等的干预。例如，根据相关法律的规定，国有独资企业、国有独资公司申请破产时，履行出资人职责的机构依法享有决定权，重要的国有独资企业、国有独资公司、国有资本控股公司申请破产之前还需要经本级人民政府批准。相较于《企业破产法（试行）》而言，弱化了行政机关对破产程序的干预，更加尊重当事人的意思自治。但是，由于破产程序涉及多方利益，为了维护特定领域的交易秩序，行政干预仍是免不了的。例如，《企业破产法》第一百三十四条就规定了金融机构实施破产的特殊事宜。根据该规定，商业银行、证券公司、保险公司等金融机构有法定破产原因的，国务院金融监督管理机构可以向人民法院提出对该金融机构进行重整或者破产清算的申请。国务院金融监督管理机构依法对出现重大经营风险的金融机构采取接管、托管等措施的，可以向人民法院申请中止以该金融机构为被告或者被执行人的民事诉讼程序或者执行程序。

（2）司法干预是指人民法院对破产程序的干预。人民法院对破产程序的干预是全面干预，体现在破产案件的受理、管理人的指定、债权人会议的召开、破产宣告等破产清算、重整、和解程序的各个方面。

2.破产法的公平原则

公平原则要求破产法在保证债权人公平受偿的同时，兼顾债务人的利益。从破产制度产生的渊源来看，该制度就是为了妥善解决债务人资不抵债的问题。确保债权人实现公平受偿是破产制度的目的之一，所以《企业破产法》及以往的破产法律制度无不对破产债权债务、破产财产、破产财产分配方案的制定与执行进行了详细规定。同时，当债务人的财产不能满足清偿需要时，破产法为了保护债务人及其出资人的利益，规定了特殊情形下的债务免除制度。例如，《企业破产法》第九十四条规定，按照重整计划减免的债务，自重整计划执行完毕时起，债务人不再承担清偿责任。

第二节 企业破产的申请与受理

一、企业的破产申请

（一）破产申请的主体条件

破产申请是指由破产申请人向人民法院提出的宣告债务人破产、适用破产程序以清偿债务的诉讼请求。破产申请是启动破产程序的开始，是人民法院开始破产程序的要件。拟破产企业只有具备法律所规定的破产条件，才能被人民法院受理，从而启动破产程序。

对于拟破产企业法人的条件，结合《企业破产法》的规定，当企业法人出现严重亏损，因严重亏损不能清偿到期债务，资不抵债，明显失去偿债能力时，其可以向人民法院申请破产清算。当然，当事人如果想挽救企业，给企业以生的希望，还可以提出申请予以重整、和解。

从申请人资格上看，有三类人可以成为破产申请人，分别为债务人、债权人和依法负有清算责任的人。而这三类人申请破产的条件也不尽相同。对于债务人而言，其作为企业法人，若不能清偿到期债务，并且资产不足以清偿全部债务或者明显缺乏清偿能力，则可以向人民法院提出破产清算申请；对于企业法人的债权人而言，如果企业法人不能清偿到期债务，债权人则可以向人民法院提出破产清算申请；对于依法负有清算责任的人而言，只有在企业法人已解散但未清算或者未清算完毕，资产不足以清偿债务时，其才能成为破产申请人。

［案例解析］

公司能否以资不抵债为由申请破产以减少股东损失？

某建筑材料加工公司为提高产品质量，高价购进了一套新型生产线。由于产品质量有了一定程度的提高，产品的销售情况有所改观。然而，经过一段时间后，市场上同类商品猛增，再加上楼市不景气，市场需求量不断降低，该公司产品销量逐渐下降，导致大量产品积压，该公司的资金链也出现了问题。照此下去，公司很快就会倒闭。有股东提出，应该尽快申请破产，以尽可能减少股东们的损失。在这种情况下，该建筑材料加工公司可以申请破产吗？

破产是企业在不得已的情形之下而选择的道路。对于在什么情形之下可以申请破产，根据我国《企业破产法》第二条和第七条的规定，企业法人不能清偿到期债务，并且资产不足以清偿全部债务或者明显缺乏清偿能力的，依照《企业破产法》规定清理债务。债务人有《企业破产法》第二条规定的情形，可以向人民法院提出重整、和解或者破产清算申请。债务人不能清偿到期债务，债权人可以向人民法院提出对债务人进行重整或者破产清算的申请。企业法人已解散但未清算或者未清算完毕，资产不足以清偿债务的，依法负有清算责任的人应当向人民法院申请破产清算。也就是说，企业如果只是出现暂时亏损、资金链运作不通等问题，是不能申请破产的。当然，根据《中华人民共和国公司法》（以下简称《公司法》）第一百八十二条的规定，公司经营管理发生严重困难，继续存续会使股东利益受到重大损失，通过其他途径不能解决的，持有公司全部股东表决权百分之十以上的股东，可以请求人民法院解散公司。因此，上面案例中的建筑材料加工公司如果确实面临严重困难，无法继续经营，股东们可以请求解散公司，以减少自己的损失。

（二）破产申请的资料提交

申请人向人民法院申请破产时，应当提交破产申请书和相关证据材料。破产申请书是当事人或利害关系人为了达到宣告债务人破产、进行破产清算或破产重整等目的而递交的文书。相关证据材料是指破产申请人为了维护自己的合法权益，帮助人民法院查明案件事实而提交的与被申请破产企业缺乏清偿能力或处于连续停止支付状态等事实有关的资料。

　　破产申请书与民事起诉状的内容无甚区别。为阐明破产申请人的申请事项和基本事实，破产申请书一般包括申请人与被申请人的基本情况、申请目的、申请的事实和理由，以及人民法院认为应当载明的其他事项。其中，申请人与被申请人的基本情况包括申请人与被申请人的名称、住址、联系方式、法定代表人姓名、企业统一社会信用代码等内容，如果申请人为自然人，还应当列明自然人的居民身份证号码。在破产申请书中列明申请目的是更明确地向人民法院提出申请请求，如请求人民法院对被申请人进行破产清算，请求人民法院裁定被申请人重整，或者是拟破产企业申请和解等。申请的事实和理由是指企业资不抵债，无力清偿到期债务的事实与理由。除此之外，申请人还应当在破产申请书上签字盖章并载明申请日期。

　　债权人提出破产申请的，应当在债务履行期限届满后提出，为帮助人民法院查明案件事实，申请人还应当提交相关的证据材料，如被申请人明显缺乏偿债能力并长期连续停止支付的证据，主要是合同等债权凭据和相关的催收证明；负有清算义务的人或债务人提出破产申请的，应当提交截至申请破产之日企业的资产状况明细表（含企业资产、企业投资及在金融机构的开户情况）、债权债务清册、财务会计报告（含资产负债表、现金流量表及相应年度报告）、职工安置预案，以及职工工资的支付和社会保险费用的缴纳情况，必要时，还要提交担保情况和涉诉情况说明。

　　另外，对于特殊性质的被申请人，除提交上述材料外，还需要根据法律的特别规定提交相应材料。例如，申请上市公司破产重整的，除前述材料外，申请人还应当提交关于重整的可行性报告、相关部门的通报情况材料、证券监督管理部门的意见，以及上市公司住所地人民政府出具的维稳预案等资料。上市公司如果自行申请破产重整，还应当提交切实可行的职工安置方案。申请人申请破产时未提交资料或提交的资料不符合法律规定的，应当根据人民法院的通知进行补充或补正。

　　［案例解析］
　　　　债务人自行提出破产清算申请时，提交的材料不充分怎么办？
　　某实业公司自2010年成立以来，多次为关联公司提供对外担保，负债累累，名声败坏，虽偶有业务，但利润微薄，再加上受国家宏观调控政策影响，该公司极度缺乏资金，无法继续运营，已三年没有开展过业务合作，现公司账上已无任何经济收入，无法偿还对外欠款。无奈之下，该实业公司只得向人民法院申请破产清算。2019年1月28日，该实业公司向人民法院提交了破产申请书，由于近几年没有开展业务，便没有准备财务会计报告等财务资料。在这种情况下，人民法院会受理该公司的破产申请吗？该实业公司应该怎么做？

根据我国《企业破产法》第八条和《最高人民法院关于破产案件立案受理有关问题的通知》的相关规定，债务人申请破产清算时，除提交破产申请书外，还应当准备相应的证据材料，以便于人民法院查明案件事实。因此，该实业公司作为债务人自行申请破产清算，应当准备好公司的财产状况说明、债权清册、债务清册、财务会计报告、职工安置预案，以及职工的工资支付及社会保险缴纳情况等材料，在申请时一并提交给人民法院。人民法院收到申请材料后，将依法展开审查活动，如果申请人提交的资料不符合法律规定，人民法院将通知其补充或补正。鉴于财务会计报告等财务资料对于帮助人民法院了解企业的资产状况和经营情况非常重要，所以无论破产申请前企业是否开展经营活动，都应当提交。申请人如果拒不提交上述财务资料，将导致破产清算申请不被受理的法律后果。上述案例中，该实业公司因自己近几年没有开展经营活动而不提交财务会计报告的做法是错误的，应当尽快按照人民法院的要求补充提交。

（三）破产申请的撤回

破产申请的撤回是指申请人在提出破产申请后，人民法院裁定受理破产申请之前，向人民法院提出撤回破产申请的要求，从而使原来的破产申请失去法律效力的行为。破产申请的撤回制度有严格的主体和时间限制，根据我国《企业破产法》第九条的规定，仅有申请人享有撤回权，除此之外，债务人或其他利害关系人（如未提出破产申请的其他债权人）均无此权利。

破产申请权是当事人基于私权处分产生的诉权，破产申请的撤回是申请人处分自己权利的体现，所以我国《企业破产法》允许申请人撤回破产申请。当事人的自由处分权和人民法院的审判权之间的关系是民事诉讼程序中需要重点关注的问题之一，破产程序中也概莫能外。不可忽视的是，虽然申请人有权自由处分自己的权利，但这并不意味着其处分权不受任何限制。在人民法院裁定受理破产申请之前，破产程序尚未开始，国家公权力尚未正式介入，申请人当然可以自由选择是否通过破产程序来处理债务人资不抵债的问题。然而，一旦人民法院经过对申请人提交的相关资料的审查，裁定受理了破产程序，便说明债务人基本具备了破产条件。基于此，该案件所涉及的利益关系便不限于申请人与债务人之间，未提出破产申请的债权人的利益也需要通过此次破产程序获得保障。这是破产程序作为特殊的财产分配程序的特点之一，也是在裁定受理破产申请之后，人民法院便会着手通知已知债权人并进行公告的原因。换言之，如果允许申请人在破产程序开始后撤回申请，不仅不能保护债权人利益，还可能造成一系列损失。

我国《企业破产法》并未明确规定申请人行使撤回权的形式。在司法实践中，申请人大多通过书面申请的方式撤回破产申请。通常而言，除当事人的基本信息外，撤回破产申请书中还应包括撤回申请的事实与理由。

破产程序并非始于人民法院收到当事人的破产申请书和相关证据材料之时，而是始于人民法院受理破产申请之时。为保证申请人的自由处分权，法律允许申请人撤回破产申请。我国《企业破产法》第九条规定，人民法院受理破产申请前，申请人可以请求撤回申请。破产程序与一般的民事诉讼程序不同，由于破产程序开始后，往往会牵涉除申请人以外的多方主体的利益，所以法律将申请人撤回权的行使期间确定在提交破产申请之后，人民法院裁定受理破产申请之前。需要注意的是，人民法院受理破产申请的民事裁定书自裁定做出之日起生效，该裁定一旦做出，申请人便不能再提出撤回申请的请求，即使提出，也会被人民法院驳回。

（四）破产申请的时限与受理裁定书的送达

破产申请的受理是指人民法院审查当事人的破产申请材料后，认为其破产申请符合法律规定的条件而接受该案件进入司法程序。受理是人民法院依法做出的司法行为，破产申请被受理便意味着破产程序的开始。与普通诉讼程序不同，破产案件并未实行严格的立案等级制，人民法院受理破产申请之前必须结合申请人提交的破产申请资料对被申请人的破产原因进行审查。根据《民事诉讼法》的一般理论，审查包括形式审查和实质审查两种。形式审查，是指人民法院对申请人提交的破产申请书及相关证据材料是否齐全、是否符合法律要求的形式进行审查；实质审查，是指人民法院对申请人提交的破产申请书及相关证据材料的真实性、合法性，即被申请人是否存在破产原因或重整原因进行审查。两相比较，实质审查更耗时耗力。为保障当事人及利害关系人的合法权益，防止案件久拖不理，法律对人民法院受理债权人破产申请的时间做出了明确规定。在实践中，立案受理阶段的审查期限通常为人民法院收到破产申请之日起十五日内。也就是说，人民法院一般应当自收到破产申请之日起十五日内裁定是否受理。由于债权人对债务人是否有足够资产偿还债务的情况不一定了解，所以法律对债权人提出的破产申请案件的受理时限做出了不同要求。根据现行破产法及相关司法解释的规定，债权人提出破产申请的，人民法院应在收到申请之日起五日内通知债务人，如果债务人在收到人民法院的通知之日起七日内未提出异议的，人民法院应当自异议期满之日起十日内做出是否受理破产申请的裁定。在特殊情形下，经过上一级人民法院的批准，可以延长十五日。

经审查，人民法院认为债权人的破产申请符合受理条件的，应当依法做出予以受理的民事裁定，并在裁定做出之日起五日内将裁定书送达债权人和债务人。此外，人民法院还应在裁定做出之日起二十五日内通知已知债权人，并通过公告的方式向无法通知的债权人、未知债权人及其他利害关系人送达破产案件文书，以维护他们的合法权益。

做好破产案件的立案受理工作，是加强破产案件审判工作的首要环节，该环节能否顺利进行决定了破产程序是否能够顺利开始。根据最高人民法院的通知精神，各级人民法院都应当高度重视和加强破产案件的立案受理工作。为了提高效率，真正保障当事人的破产申请权，我国《企业破产法》及相关司法解释要求：对于债权人提出的破产申请，人民法院应当在债务人异议期满之日起十日内做出是否受理债权人破产申请的裁定。债权人人数众多或债权债务关系比较复杂的，经过上一级人民法院批准，做出裁定的时间最多可以延长十五日。为了克服破产案件"受理难"的问题，保障申请人的合法权益，现行破产法强化了上一级人民法院对下级人民法院在破产案件立案受理阶段的审判监督职责。根据《最高人民法院关于适用〈中华人民共和国企业破产法〉若干问题的规定（一）》第九条的规定，受诉人民法院超期未做出回复的，除督促受诉人民法院履行职责外，申请人也可以直接向受诉人民法院的上一级人民法院提出破产申请。

（五）债务人的异议权与材料提交

根据我国《企业破产法》第二条的规定，人民法院受理破产申请的审查标准为：引发债务人破产或重整的实质原因是债务人缺乏清偿能力。债务人缺乏清偿能力表现为债务人资不抵债或明显缺乏偿债能力,不能偿还到期债务。值得注意的是,此处强调的是债务人穷尽所有力量也不足以以其财产、信用、资质或者其他能力等方法履行债务,这是一个比较客观的标准。基于破产法基本理论,此乃破产原因或重整原因的应然状态。

为保障债权人的合法权益,法律赋予债权人破产申请权。根据我国《企业破产法》第七条的规定,债务人不能清偿到期债务,债权人可以向人民法院提出对债务人进行重整或者破产清算的申请。那么,何以确定债务人不能清偿到期债务呢?在司法实践中,如同时出现以下情形,人民法院便会依法认定这一事实:第一,债权债务关系真实、合法、有效;第二,债务履行期限届满;第三,债务人未完全清偿债务。在市场交易中,不乏债务人通过"跑路"这一方式逃避债务,此乃债务人不清偿债务的外观行为之一,但是债务人的外观行为与其客观财产状况并不一定完全相符,而破产清算或重整公告又牵涉多方利益,贸然受理债权人的破产申请可能会给债务人的利益造成损害,况且实践中也发生了债权人通过破产宣告的手段损害债务人商誉的先例。为了查明破产原因之真实性,我国《企业破产法》赋予债务人以异议权,当债权人提出破产申请时,人民法院应当依法通知债务人,债务人认为自己不存在破产原因或者对该债权人的债权有异议的,有权向人民法院提出异议。

债务人行使异议权时应遵守法律规定,在异议期内通过书面方式提出。根据我国《企业破产法》的规定,异议期为七日,自债务人收到人民法院的书面通知之日起计算。为给债务人异议提供证据支撑,债务人应当在提交异议申请的同时提交相关资料,如企业财务状况说明、债权债务关系说明等可以证明自己不符合破产条件的材料,以便于人民法院对破产申请和债权债务关系进行核实。

我国《企业破产法》第十条第一款明确规定,债权人提出破产申请的,人民法院应当自收到申请之日起五日内通知债务人。债务人对申请有异议的,应当自收到人民法院的通知之日起七日内向人民法院提出。人民法院应当自异议期满之日起十日内裁定是否受理。据此可知,债权人提出破产申请时,债务人依法享有异议权。

(六)破产申请的不予受理或驳回

从法律角度看,破产程序是为保护多数债权人的利益,在债务人丧失清偿能力时,由人民法院对债务人的所有财产依法分配的程序。由于企业法人以其全部财产对公司的债务承担责任,这使破产程序也可以在一定程度上帮助债务人顺利退出市场。事实上,在市场交易中,破产宣告已成为企业法人的市场退出机制之一。然而,破产程序在发挥其正常保护功能的同时,也存在被滥用的情况。由于道德风险的存在,市场竞争过程中不可避免地存在企业通过恶意申请破产,借机逃避债务或损害被申请人商业信誉的不正当行为。在实践中,有的企业通过预先转移、隐匿、低价转让公司资产等不正当手段使企业在外观上丧失实际清偿能力,进而通过破产清算申请的手段逃避债务;有的企业采用先进行公司分立,然后采取系列措施申请破产清算的方式逃避债务。

为了保护当事人和利害关系人的合法权益,在收到破产申请书及相关证据材料之后,人民法院将对前述资料进行审查,以裁定是否受理该申请。如前文所述,人民法院受理破产申请的前提是债务人丧失清偿能力,如果人民法院审查后发现存在破产原因或重整原因,即会受理该案。如果人民法院审查后认为出现下列情形,便会做出不予受理的裁定:第一,破产申请不符合《企业破产法》规定的条件的;第二,债务人存在隐匿、转移财产等行为,申请破产是为了逃避债务的;第三,债权人是为借破产申请毁损债务人商业信誉,进行不正当竞争的。

在司法实践中,当事人之间的法律关系纷繁复杂,债务人的体量不一和道德风险的存在导致破产案件的情况也多种多样,再加上法律对人民法院的审查期限做出了严格的限制性规定,如果破产案件案情复杂,人民法院往往难以在立案受理的审查阶段便查清全部事实。所以,在人民法院根据基本事实做出债务人存在破产原因的基本判断并受理该案的破产申请后,人民法院仍会认真审慎地对债务人是否符合破产条件的事实及相关证据材料进行审查。如果人民法院在进一步审查中发现债务人没有达到破产条件,仍然会依法裁定驳回破产申请。不予受理或驳回申请的裁定对申请人的权利将产生重要影响,我国《企业破产法》已明确规定了此种情形下当事人的救济方式。根据法律规定,申请人对人民法院不予受理或驳回破产申请的裁定不服的,可以在裁定送达之日起十日内向上一级人民法院提出上诉。

(七)网络平台破产申请的提出与受理

2016年8月1日,最高人民法院建立的全国企业破产重整案件信息网正式运行。该网站由全国企业破产重整案件信息互联网、企业破产案件法官工作平台和破产管理人工作平台三个部分组成。全国企业破产重整案件信息网根据案件流程全公开原则，对破产案件的各类信息进行分级发布，使社会公众能够通过网站披露的信息获取相关破产重整企业的信息。同时，该网站坚持实现"破产案件全覆盖、利益主体全覆盖、法律流程全覆盖"之目的，债权人、债务人等有权依法提出破产申请的法律主体在全国企业破产重整案件信息网实名注册之后，便可以通过该网站依法行使《企业破产法》规定的相关权利，如申请预约立案、债权申报、提出异议、参与债权人会议等。总体而言，全国企业破产重整案件信息网的建构拓宽了债权人、债务人等利害关系人获取破产案件各类信息的渠道，有效提高了破产案件程序运行的效率，有助于监督和规范破产受理、审理司法行为，对于促进市场出清、防范化解重大风险有十分重要的意义。

根据《最高人民法院关于企业破产案件信息公开的规定（试行）》和《企业破产案件法官工作平台使用办法（试行）》的规定，债权人、债务人等主体通过全国企业破产重整案件信息网提出破产申请时，需要注意以下三个问题：第一，申请人应当上传有效身份信息完成实名注册，然后根据《企业破产法》第八条的规定提交申请材料；第二，申请人注册时应注意预留有效的联系方式（电话号码、电子邮箱），以便接收立案部门的审查结论；第三，申请人收到立案部门的通知后，应当在指定期限内到人民法院立案窗口提交破产申请书及其他上传的材料完成立案。需要注意的是，通过网络平台预约立案并不意味着立案申请一定成功，如果立案部门审查申请人提交的资料后，认为应当补充提交，申请人应当在指定期限内补充提交，否则将被视为自动撤回网上预约立案申请。

对于人民法院而言，立案部门收到申请人的预约立案申请后，应当依法对申请人提交的材料进行形式审查并将审查结论通过短信、电子邮件等方式反馈给申请人，通知其在指定期限内补充上传材料或到人民法院立案窗口提交破产申请书等资料。为提高立案效率，防止破产申请久拖不立，最高人民法院将形式审查期限设置为七个工作日，自收到申请之日起计算。如果立案部门逾期未通知申请人，将被上级人民法院通报。

（八）破产前的审计机构

根据《最高人民法院关于适用〈中华人民共和国企业破产法〉若干问题的规定（一）》第三条之规定，债务人的资产负债表，或者审计报告、资产评估报告等显示全部资产不足以清偿全部负债的,人民法院应当认定债务人资产不足以清偿全部债务,除非另有证据足以推翻该推定。由此可见,人民法院在审理破产案件的过程中,可以将债务人的审计报告等资料作为判断依据。此外,《全国法院破产审判工作会议纪要》也指出,破产程序开始后,如果在债务人的第一次债权人会议上无人提出重整或和解申请,在经过债权审核确认和必要的审计、资产评估后,管理人应当及时向人民法院提出宣告破产的申请。根据前述规定可知,审计在破产程序中是非常重要的。

根据发生时间的不同,破产审计可分为破产前的审计和破产后(破产程序开始后)的审计。破产前的审计通常由债务人或债权人委托专业审计机构进行,主要目的在于对债务人的资产、负债及所有者权益的账面情况进行核查,以期对债务人是否存在破产原因提供较为客观的鉴证,为委托人的下一步行动提供依据。具体而言,审计机构需要对以下内容展开核查。

(1)核查债务人在银行的货币资金状况,确认债务人的银行存款与其提供的信息是否相符。

(2)核查债务人的应收账款情况,并对该款项进行分类分析。

(3)核查债务人的固定资产状况,并进行分类处理。

(4)核查债务人的无形资产、在建工程状况,并对会计账务处理进行合法性审查,如果债务人系生产制造或贸易型企业的,还应当核查其存货状况。

(5)核查债务人应付款产生的原因、方式、金额、担保情况及相关证据材料。

(6)核查债务人的注册资本、实收资本、资本公积金等情况,并结合前述资料确认企业的所有者权益。

破产开始后,通常由破产管理人委托审计,管理人本身为具有相应资质的会计师或会计师事务所的,可由管理人自行负责审计。除核实债务人的资产、负债和所有者权益情况外,必要时,审计机构还需要对破产程序开始后至破产程序终结之前债务人的盈亏情况和职工安置费用等事项展开审计。需要注意的是,管理人聘请专业审计机构的费用需要列入破产费用的,必须经过债权人会议同意。

二、企业的破产受理

（一）破产管理人的指定

　　破产程序开始后，需要对债务人的财产进行持续管理。在进行破产清算、重整的过程中，债务人及其管理层存在潜在的道德风险，债权人或其他利害关系人之间也存在各种利益冲突，再加上破产案件工作冗杂烦琐，人民法院的人力、财力及其作为司法机关的特殊属性，使其无法胜任此工作，因此为了保障债权人的利益，防止债务人随意处置财产，各国法律无一例外地设立了专门机构参与破产程序，执行破产财产和相关事务的管理工作。早前，我国负责此类工作的机构是由主管机关或者人民法院组织有关机关及相关人员组成的清算组织，也称破产清算组。由于破产清算组自身的局限性，我国《企业破产法》引入了破产管理人制度，人民法院受理破产申请后，破产管理人将接管债务人的财产，并在破产程序中负责管理债务人财产和其他事务。值得注意的是，破产管理人可以是组织，也可以是个人。在实践中，对于事实清楚、债权债务关系简单、债务人财产相对集中的破产案件，可以由个人担任破产管理人。

　　破产管理人的职责决定了破产管理人的选任至关重要，稍有不慎，便可能导致不公平现象的发生，这就引发了破产管理人的选任主体由谁承担的问题。正如前文所言，如果允许债务人或债权人等利害关系人选任破产管理人，为追逐私利，或多或少会出现利益偏颇现象。所以，《企业破产法》仅赋予人民法院指定破产管理人的权利，为兼顾债权人的利益，该法第二十二条同时规定了债权人会议的异议权。债权人会议的异议权，是指当债权人会议认为管理人不能依法、公正执行职务或出现其他不能胜任管理人职务的情形的，债权人会议有权向人民法院申请更换管理人。

　　为确保管理人具有良好的业务能力和品行状况，以保障破产程序的有效进行，高级人民法院等有权机关编制管理人名册以收录具有破产管理人资格的机构。人民法院一般在本地管理人名册中依法选任管理人，但是，如果债务人系商业银行、证券公司、保险公司等金融机构，或破产案件在全国范围内有重大影响、法律关系复杂及债务人财产分散的，人民法院可以跨区域指定管理人。

　　进入破产程序后，与债务人有关的其他法律程序也会受到影响，所以破产管理人的选任时间也是一个重要的法律问题。由于各国立法例的不同，破产程序中管理人选任的时间也存在差异。根据我国《企业破产法》的规定，破产程序自人民法院受理破产申请时开始，此时，债务人的民事地位便发生了变化，不能再对其财产进行管理和处分。为防止债务人财产因无人管理而发生损失，所以人民法院在裁定受理破产申请时，同时也会做出指定管理人的决定。该决定一经做出即发生法律效力，被指定人无正当理由不得拒绝。

我国《企业破产法》第二十二条规定，管理人由人民法院指定。债权人会议认为管理人不能依法、公正执行职务或者有其他不能胜任职务情形的，可以申请人民法院予以更换。指定管理人和确定管理人报酬的办法，由最高人民法院规定。根据该条规定，尽管债权人不能主动选任破产管理人，但是如果管理人不能依法公正地履行职责，债权人会议可以行使异议权，向人民法院申请更换管理人。需要注意的是，异议权的行使是有条件的，就行使主体而言，更换申请只能由债权人会议提出；就行使条件而言，必须是破产管理人存在不能胜任职务的情形，如管理人未按法律规定履行职责，管理人的履职行为不符合选任时约定的要求，管理人缺乏专业素质或在履职过程中有违法行为，等等。

（二）受理破产申请的通知与公告

人民法院受理破产案件后，还应当依法履行通知及公告程序，即人民法院裁定受理破产申请后，应当依照法定程序、法定方式，向未提出破产申请的债权人及其他利害关系人（债务人的债务人、未履行完毕合同的当事人）送达破产案件文书。破产程序涉及多方主体的利益，通知和公告程序可以在最大程度上实现通知失联债权人、未知债权人及利害关系人的目的，促使其依法行使权利或履行义务，以帮助债权人获得公平受偿。

根据我国《企业破产法》的规定，通知和公告应当包括以下内容：①申请人、被申请人的名称（姓名）；②人民法院受理破产申请的具体时间；③破产管理人的名称（姓名）、地址及联系方式；④债权申报的期限、地点及其他注意事项，债权申报期限自人民法院发布受理破产申请公告之日起计算，最短不得少于三十日，最长不得超过三个月，具体时间由受诉人民法院根据具体情况确定，在前述期限内，债权人可以向管理人申报债权；⑤债务人的债务人或财产持有人向管理人履行清偿义务或交付义务的要求；⑥第一次债权人会议召开的时间、地点及其他注意事项；⑦人民法院认为应该公告或通知的其他事项，如破产程序中债务人的义务等。值得注意的是，通知公告中所指的"债务人的债务人"包括破产申请受理前对债务人负有债务的任何人。"财产持有人"包括破产程序开始时实际占有债务人的财产（包括债务人自己所有的财产和债务人经营管理的财产）的任何人。

为保证破产程序高效、顺利进行，人民法院应在受理破产申请之日起二十五日内依法履行通知公告职责。关于通知公告的渠道，法律并未做出明确限制。在实践中，人民法院可以通过法院公告栏、全国公开发行的报纸（如《人民法院报》《法治日报》等）、官方网站（如中国法院网、全国企业破产重整案件信息网等）等渠道刊登公告。

我国《企业破产法》第十四条第一款规定：人民法院应当自裁定受理破产申请之日起二十五日内通知已知债权人，并予以公告。此乃人民法院依法应当履行的通知公告义务，也是我们了解相关企业破产案件信息的渠道。根据该条规定可知，人民法院在受理破产申请之后，将向外界公告破产案件的基本情况，此类信息是公开的，任何人都可以查询到。

（三）债务人有关人员的义务

为保障破产程序顺利进行，债务人的有关人员负有配合人民法院、管理人工作的义务，此乃债务人的有关人员的法定义务，不得拒绝履行，否则人民法院将采取罚款、训诫、拘留等强制措施。根据我国《企业破产法》第十五条的规定，自人民法院受理破产申请的裁定送达债务人之日起至破产程序终结之日，债务人的有关人员承担下列义务：①妥善保管其占有和管理的财产、印章和账簿、文书等资料；②根据人民法院、管理人的要求进行工作，并如实回答询问；③列席债权人会议并如实回答债权人的询问；④未经人民法院许可，不得离开住所地；⑤不得新任其他企业的董事、监事、高级管理人员。前款所称有关人员，是指企业的法定代表人；经人民法院决定，可以包括企业的财务管理人员和其他经营管理人员。需要注意的是，有关人员的配合义务并不是无期限的，其始于人民法院受理破产申请的裁定送达债务人之日，止于破产程序终结之日。

我国《企业破产法》第一百二十七条第二款规定：债务人违反本法规定，拒不向管理人移交财产、印章和账簿、文书等资料的，或者伪造、销毁有关财产证据材料而使财产状况不明的,人民法院可以对直接责任人员依法处以罚款。根据前述规定可知,破产程序开始后,债务人的有关人员和财产持有人应当妥善保管并根据管理人要求移交其占有的公司财产,否则将被罚款。

(四)法律禁止的个别清偿

个别清偿是指债务人在对多个债权人负债的情况下,只对个别债权人清偿债务的行为。当前,法律禁止的个别清偿主要有两种:一是破产程序开始后,债务人进行的个别清偿;二是在人民法院受理破产申请前六个月,债务人出现破产原因仍做出个别清偿行为的。

在破产程序中,如果破产财产不能满足同一顺位的债权人的清偿要求,则该顺位债权人将按比例获得清偿。如果允许债务人对个别债权人进行债务清偿,将会侵害同一顺位的债权人的平等受偿权,导致有的债权人可以获得全部清偿,有的债权人不能获得或获得较少清偿。此外,也可能发生债务人利用此种手段转移财产的问题。因此,我国《企业破产法》规定,人民法院受理破产申请之后,债务人的个别清偿行为无效。

在实践中,也曾出现过债务人或债权人为规避法律,在破产程序开始前就清偿债务或瓜分债务人财产的情况。为规制此类行为,我国《企业破产法》确立了个别清偿的可撤销制度,即在符合法律规定的情况下,管理人可依法请求撤销个别清偿行为并要求返还财产。根据该法第三十二条之规定,债务人的个别清偿行为成为可撤销行为须符合以下条件:①债务人在人民法院受理破产申请前六个月内做出个别清偿行为;②债务人做出个别清偿行为时已经出现不能清偿到期债务,并且资产不足以清偿全部债务或者明显缺乏清偿能力的情形;③债务人清偿的系已到期债务。

并非所有的个别清偿行为都是可撤销行为,根据现行破产法及相关司法解释的规定,债务人对以其自有财产设定担保物权的债权进行的个别清偿(债务清偿时担保财产的价值低于债权额的除外),或债务人经诉讼、仲裁、执行程序对债权人进行的个别清偿(当事人恶意串通的除外),或其他使债务人财产获得利益的个别清偿,如债务人为维系基本生产需要支付的水费、电费等个别清偿行为,均不在可撤销行为之列。

我国《企业破产法》第三十二条规定:人民法院受理破产申请前六个月内,

债务人有本法第二条第一款规定的情形,仍对个别债权人进行清偿的,管理人有权请求人民法院予以撤销。但是,个别清偿使债务人财产受益的除外。该法第二条第一款规定:企业法人不能清偿到期债务,并且资产不足以清偿全部债务或者明显缺乏清偿能力的,依照本法规定清理债务。从前述法律规定可以看出:第一,撤销权行使的法律后果只是为了使债务人在破产申请受理前法定期间内实施的损害其他债权人利益的行为因被撤销而丧失法律效力,以追回财产。并且,撤销权的行使并不以个别清偿行为使个别债权人获得了全部清偿为要件。第二,撤销权的行使主体是管理人而非债权人或债权人会议,管理人无权要求债权人自行向人民法院申请撤销个别清偿行为。如管理人未履行好管理职责且存在主观过错,有不能胜任职务导致债务人财产不当减损之嫌,除通过债权人会议向人民法院申请更换管理人外,债权人还可以依据《最高人民法院关于适用〈中华人民共和国企业破产法〉若干问题的规定(二)》第九条第二款的规定起诉,要求管理人承担损害赔偿责任。

管理人依据《企业破产法》第三十一条和第三十二条的规定提起诉讼,请求撤销涉及债务人财产的相关行为并返还债务人财产的,人民法院应予支持。管理人因过错未依法行使撤销权导致债务人财产不当减损,债权人提起诉讼主张管理人对其损失承担相应赔偿责任的,人民法院应予支持。

债务人经过行政清理程序转入破产程序的,《企业破产法》第三十一条和第三十二条规定的可撤销行为的起算点,为行政监管机构做出撤销决定之日。债务人经过强制清算程序转入破产程序的,《企业破产法》第三十一条和第三十二条规定的可撤销行为的起算点,为人民法院裁定受理强制清算申请之日。

债务人对以自有财产设定担保物权的债权进行的个别清偿,管理人依据《企业破产法》第三十二条的规定请求撤销的,人民法院不予支持。但是,债务清偿时担保财产的价值低于债权额的除外。

债务人经诉讼、仲裁、执行程序对债权人进行的个别清偿,管理人依据《企业破产法》第三十二条的规定请求撤销的,人民法院不予支持。但是,债务人与债权人恶意串通损害其他债权人利益的除外。

债务人对债权人进行的以下个别清偿,管理人依据《企业破产法》第三十二条的规定请求撤销的,人民法院不予支持:①债务人为维系基本生产需要而支付水费、电费等的;②债务人支付劳动报酬、人身损害赔偿金的;③使债务人财产受益的其他个别清偿。

（五）清偿与交付义务

为避免债务人的债务人和财产持有人私自处分债务人财产，我国《企业破产法》规定了债务人的债务人及财产持有人的清偿与交付义务，此义务要求债务人的债务人和债务人的财产持有人在人民法院受理破产申请后，向管理人清偿债务、交付财产。所谓"债务人的债务人"是指依法或根据合同约定对债务人负有债务的人，该债务的成立时间在所不问。"债务人的财产持有人"是指所有持有债务人财产的人，只要符合此条件，无论其何时因何缘由持有债务人的财产，均负有交付财产之义务。人民法院通常是通过发布公告的方式告知债务人的债务人和财产持有人，要求其向管理人清偿债务或交付财产，管理人也有权要求债务人的债务人和财产持有人履行此义务。

清偿与交付义务系债务人的债务人和财产持有人的法定义务，非为法律特别规定不得免除。值得注意的是，为防止债务人借机隐匿或转移财产，妨害债权人利益，该义务的相对方是管理人，而非债务人。义务主体故意违反此要求向债务人清偿债务或交付财产，由此给债权人造成损失的，其行为不发生清偿债务或交付财产之效力，管理人仍有权要求其承担清偿债务或交付财产的法律责任。此处的"故意"，是指行为人明知人民法院已经受理破产申请，应当向管理人清偿债务或交付财产，却仍然向债务人清偿债务或交付财产的情形。在司法实践中，除非义务主体能够证明自己的行为非"故意"向债务人履行义务，或债务人收到相关财产后移交给了管理人，使该部分财产被纳入债务人财产，义务主体才能免除自己二次承担清偿债务或交付财产的责任。

我国《企业破产法》第十七条明确规定：人民法院受理破产申请后，债务人的债务人或者财产持有人应当向管理人清偿债务或者交付财产。债务人的债务人或者财产持有人故意违反前款规定向债务人清偿债务或者交付财产，使债权人受到损失的，不免除其清偿债务或者交付财产的义务。据此，如果债务人的债务人明知债务人进入破产程序，便应依法向管理人履行清偿义务。因为债务人进入破产程序后，管理人就接管了债务人的财产。如果债务人的债务人仍向债务人履行义务，可能会面临二次给付（再次向管理人履行清偿义务）的法律风险，给自己带来极大损失。

（六）待履行合同的处理

根据破产法基本理论，待履行合同是指成立于破产申请受理前，在破产程序开始后，债务人与交易相对方尚未履行完毕的双务合同。此表述源于美国破产法中的executory contract一词，意为"未充分履行各自义务的合同"，我国《企业破产法》称其为"未履行完毕的合同"。构成待履行合同须具备以下两个要件。

第一，该合同成立于破产程序开始前。如果合同成立于破产程序开始时或开始后，则不适用待履行合同的处理规则。

第二，该合同的当事人均未履行完毕合同义务，这包括三种情形：①合同当事人均未开始履行合同义务；②合同当事人均已开始履行但均未履行完毕合同义务；③一方当事人未开始履行，但另一方当事人已经开始履行但未履行完毕合同义务。为平衡各方利益，如果合同主要义务或关键性义务已履行完毕，合同目的已经实现，即使存在附随义务尚未履行完毕的情形，该合同也不属于待履行合同。

对待履行合同的态度关系到债务人的业务经营和债务人财产的增减。在实践中，有的待履行合同对债务人有利，有的待履行合同则对债务人不利。考虑到破产法"保护债权人和债务人的合法权益"这一立法目的，我国《企业破产法》赋予了管理人单方选择权。如果管理人选择继续履行待履行合同，交易双方就应当继续履行合同义务，即使交易相对方认为继续履行合同有风险也不能拒绝履行，只能要求管理人提供担保；如果管理人选择解除待履行合同，交易相对方可以主张损害违约赔偿并申报债权，赔偿范围以合同不履行产生的经济损失为限。值得注意的是，破产法突破了合同的一般规则，无论合同当事人是否违约，无论是否存在合同解除理由，只要管理人选择解除合同，待履行合同即应解除，交易相对方是否同意在所不问。

从前述内容可以看出，我国《企业破产法》关于待履行合同的处理规则以"债务人财产最大化"为目标。为了督促管理人及时行使权利，维护交易安全，平衡各方当事人的利益，《企业破产法》规定，管理人没有在破产程序开始之日起两个月内通知交易相对方待履行合同的处理结果，或在收到交易相对方的催告后，管理人未在法定期间内做出答复的，待履行合同即视为解除。此时，管理人不得要求交易相对方继续履行合同义务。

（七）破产程序开始的效力

作为对资不抵债的债务人进行破产处理的特殊司法程序，破产程序的开始将直接影响其他与债务人有关的法律程序。该影响主要体现在与债务人有关的民事诉讼案件的管辖、保全与执行程序、正在进行中的诉讼和仲裁程序等方面。

民事诉讼案件的管辖是指人民法院受理第一审民事案件的分工与权限，包括级别管辖、地域管辖，地域管辖又可分为一般地域管辖、特殊地域管辖、专属管辖、协议管辖等。人民法院受理破产申请后，债务人的债权债务关系集中交由管理人统一处理。为保障破产程序顺利进行，协调相关民事诉讼与破产案件的审理进度，提高审理效率，我国《企业破产法》突破民事诉讼案件管辖的一般规定，确立了破产程序有关债务人的民事诉讼案件"专属管辖"规则，即破产程序开始后，无论是否存在协议管辖等约定，有关债务人的民事诉讼，只能向受理破产申请的人民法院提起。考虑到如果高级人民法院受理破产申请并直接审理相关诉讼案件，可能导致最高人民法院面临较大的诉讼压力，浪费司法资源，故根据《民事诉讼法》及相关司法解释的规定，经上级人民法院批准，受诉人民法院可将此类案件交由下级人民法院审理。

保全是人民法院依职权或依申请对涉诉标的物或当事人的财产或行为采取的强制措施，在实践中较为常见的是财产保全，包括查封、扣押、冻结等。采取保全措施的目的是保证人民法院的生效判决能够有效执行，实现个别债权人的债权。鉴于破产程序更注重的是债权人获得公平清偿，所以人民法院裁定受理破产申请后，为了保证全体债权人的利益，原来与债务人财产有关的保全措施将被解除，使被保全财产纳入债务人财产范围，以待统一分配。

执行程序，是指人民法院运用国家公权力使被执行人按生效法律文书确定的内容履行义务的司法活动。与保全措施相同，执行程序也是为了实现个别债权人的债权，有违破产法之目的，所以人民法院受理破产申请后，有关债务人财产的执行程序也将依法中止，债权人持生效法律文书向管理人申报债权。

诉讼和仲裁系当事人根据法定程序解决纠纷的方式之一，诉讼和仲裁均要求当事人依法享有参与诉讼、仲裁程序的权利。进入破产程序后，债务人管理和处分自己财产的权利已交由管理人行使，不能以自己的名义提起诉讼或申请仲裁，也无法再继续参与已经开始的诉讼或仲裁程序。因此，人民法院受理破产申请后，正在进行的有关债务人的诉讼和仲裁程序也将中止，待管理人接任后，才能继续进行。

第三节　破产程序中的基本原则

一、破产程序中的司法独立原则

为了能够对这一原则进行细致分析，需要从两个不同的角度进行研究。

第一，破产程序离不开司法指导和司法监督的支持。在破产程序中，具体涉及的债权人非常复杂，价值偿债要求存在差异，对于破产企业而言，其财产存在无法满足所有债权清偿要求的问题，如果想要使每一位债权人都能够公平收债，非常关键的一项工作就是在司法权力的指导、监督下完成偿债这项工作。

第二，在破产程序中，实际开展的司法活动具有较强的独立性，在这项原则的作用下，其不受包括行政权力在内的任何权力干涉。破产程序在行政权力的干预下，最终产生的结果既存在一定的优势，也存在弊端，具体表现为行政权力的干预能够维护市场秩序，进而使市场发展长时间处于正轨，但也会对破产程序司法独立性原则造成破坏。

二、破产程序中的债权人自治原则

债权人自治主要是指债权人为了维护和保障自身利益，通过债权人会议等多种方式，对破产程序中存在的债务偿还问题进行讨论和确定。债权人自治原则能够精准体现出债权人"利益至上"的思想。在现代企业破产程序中，债权人的利益会被作为一个整体进行保护，导致债权人在维护自身利益期间，就会存在较为显著的差异。基于此，在对债权人自治原则进行分析时，不能只是简单地将其理解为债权人无节制的债务清偿要求，而是要在真正保护债权人权益的基础上，对债权人的自治原则进行相应的限制，在此之后，使债权人得到具有公平公正特征的债务清偿。

三、破产程序中的债权平等原则

考虑到破产债权具有较强的平等性，所以同一物上也可以同时存在多个债权，多个债权人对同一债务人拥有多个普通形式的债权，并且也具备同等的法律效力，不会随着成立而发生改变。企业在还没有破产期间，如果债务人不履行债务，那么债权人就可以采用个别的强制方式，来维护和保障自身利益。如果有两个或是更多的债权人申请强制执行，就要严格按照相应的申请时间，优先保障来申请强制执行财产。

四、破产程序中债权的最低清偿原则

如果将我国现行的《企业破产法》作为核心依据进行研究，不难发现利益主体具体包括债务人、债权人、雇员、政府部门、其他利益方等。对于债权人而言，债务人实际上还担保债权人优先受偿。对于企业而言，如果正在经营，债务人和债权人不能在不经过执行担保物的情况下获取清偿；如果企业破产，企业担保物就可以成为共同的清偿财产。面对此种状况，二者不可避免地会产生利益冲突。在《企业破产法》的作用下，即便保护了债务人的利益，但是经过比较之后就会发现，其更加注重保护债权人的利益。除此之外，换一个角度进行研究可知，即便《企业破产法》非常注重保护债权人的利益，但是在实际的破产程序中，债权人特别是一些没有财产担保的普通债权人的利益，难以得到相应的保护。

第二章　现代企业破产的清算问题

在现代市场经济体系中，企业是最重要的经济主体，企业在发展过程中会经历从初创期到衰退期的全过程，而在企业的生命周期逐渐结束，濒临破产的情况下，破产清算就成为企业最重要的工作内容，发挥破产清算的作用能妥善处置企业运营方面不良资金和资产，产生积极的影响。本章主要围绕企业破产的宣告、企业破产财产的变价和分配、企业破产程序的终结、企业破产清算的内部控制展开论述。

第一节　企业破产的宣告

一、破产宣告的情形及其障碍

（一）破产宣告的情形

"在企业破产清算中，破产程序极强的社会外部性特性，加之破产法与税法的法律基本适用规则冲突，使得人民法院司法权与税务机关行政权之间存在冲突与竞合，迫切需要在坚持司法权中心主义原则下，完善破产法与税法的制度内在协调机制。"[1]破产宣告是指人民法院依照法定程序对符合破产条件的债务人宣告其为破产人的司法裁定。在宣告破产后，债务人开始进入破产清算程序。破产宣告主要包括三种情形：第一，企业法人不能清偿到期债务，并且资产不足以清偿全部债务或者明显缺乏清偿能力的，经人民法院审查属实，企业没有进行和解或重整，被人民法院直接宣告破产；第二，经债务人或者债权人申请，人民法

---

[1] 唐媛媛，王虹. 破产清算程序中的税收债权问题：基于破产法与税法的冲突[J]. 税务与经济，2020（04）：63-70.

院裁定对破产企业进行重整,但重整失败的,人民法院应当宣告债务人破产;第三,经债务人申请,人民法院裁定和解,但因和解协议未通过或和解协议未获得人民法院认可、债务人违法成立和解协议、债务人不执行和解协议等,人民法院宣告债务人破产。

(二)破产宣告的障碍

破产障碍是指阻止人民法院宣告债务人破产的法定事由。企业因具有法定原因进入破产程序,但在破产程序中,由于某些法定情形的出现,破产原因消失,此时人民法院应当终结破产程序,不再宣告债务人破产。阻止人民法院宣告债务人破产的法定事由主要包括外部破产障碍和内部破产障碍。外部破产障碍是指外部原因导致的破产原因消失,如第三人为债务人提供足额担保,保证债务人清偿全部债务,或者第三人直接替代债务人对所有债务进行清偿。内部破产障碍是指债务人自身在进入破产程序后有能力清偿全部到期债务,并已经实际清偿。无论是外部破产障碍,还是内部破产障碍,都应当是在破产宣告前出现的,从而使破产程序终结。

破产清算程序具有不可逆性,已经进行的财产变价、分配很难恢复原状,因此在破产宣告后,即使出现第三人为债务人提供足额担保的情形,也不能将破产宣告撤销,不能恢复原状。

二、破产宣告的优先受偿债权处理

在破产法中,担保人优先受偿的权利被称为别除权,是指在破产程序中,对债务人的特定物享有担保物权的权利人可以在破产程序开始后随时请求对该特定物行使优先受偿权。在破产宣告后,债务人财产被称为破产财产,由破产管理人管理分配,按照债权人会议通过的分配方案分配给各债权人,而优先受偿债权可以在破产程序开始后随时进行清偿,这是优先受偿债权与普通债权的本质区别。

优先受偿债权数额是以设立担保物权的特定物的价值为基础的,因为债权人只能对该特定物享有优先受偿权,所以当债权人的债权额高于特定物的价值时,其债权不能得到完全清偿,则未清偿的债权就作为普通债权,由权利人进行申报,按照债权人会议通过的分配方案进行清偿。别除权作为一种民事权利,权利人可以行使,也可以放弃,当权利人放弃别除权时,也就失去了就债务人的特定物进行优先受偿的权利，则其债权应当作为普通债权处理，即进行债权申报，按照债权人会议通过的分配方案进行清偿。

我国《企业破产法》第一百一十条规定，享有本法第一百零九条规定权利的债权人行使优先受偿权利未能完全受偿的，其未受偿的债权作为普通债权。这里所说的债权人应当是破产债务人的债权人，若破产债务人仅为第三人提供担保，当第三人不能清偿到期债务时，第三人的债权人享有别除权，可以在破产程序中对破产债务人的特定物享有优先受偿权，但因破产债务人不是主债务人，故在担保范围内实现担保物权后未清偿部分不能申请普通债权，第三人的债权人需向该第三人主张权利。

第二节　企业破产财产的变价和分配

一、企业破产财产的变价

（一）破产财产变价的主要内容

破产财产变价是指将破产企业的非金钱财产转变为金钱的行为。破产财产变价是破产财产分配的前提，将破产财产进行变价便于债权人之间进行破产财产分配，变价的目的是更好地保障债权人利益。在债权调查结束前一般不允许对破产财产进行变价，但鲜活易腐的产品例外，若不及时进行变价则会导致财产损失，损害债权人的利益，有违破产财产变价的目的。

破产财产变价主要有拍卖和变卖两种形式。根据我国《企业破产法》第一百一十二条的规定，变价出售破产财产应当通过拍卖进行。但是，债权人会议另有决议的除外。拍卖是破产财产变价的首要方式，是指清算组将破产财产以公开方式出价，由买者竞价的行为，拍卖的最终结果是价高者得之。拍卖的公开性要求人民法院在拍卖前将拍卖事项进行公告，以保障利害关系人的权益。拍卖虽能保证公平，但耗时长、成本高，有时并不一定可以将破产财产以最高价出售。因此，若经债权人会议同意，也可通过变卖的方式对破产财产进行变价。变卖是指在债务人宣告破产后，清算组将破产财产以合理的价格进行出售的行为。虽然变卖行为可以由清算组自主进行，但清算组应当将变卖情况向人民法院汇报，人民法院可以根据实际情况要求清算组改变变卖方式、价格，甚至停止变卖，以保障债权人的利益。有些破产财产属于国家限制流通的产品，不能进行拍卖或者变卖，在此情况下则应按照国家有关规定处理。

（二）破产财产的清偿顺序及方式

根据债权种类的不同，破产财产有不同的清偿顺序，其目的是公平清理破产债务。破产费用和共益债务具有优先性，可以在破产程序中随时清偿，若破产财产优先清偿破产费用和共益债务后有剩余财产，剩余破产财产将按照我国《企业破产法》第一百一十三条规定的顺序进行清偿。根据该法律规定，剩余破产财产首先要清偿的是破产人所欠职工的工资和医疗、伤残补助、抚恤费用，所欠的应当划入职工个人账户的基本养老保险、基本医疗保险费用，以及法律、行政法规规定应当支付给职工的补偿金。这类债权影响职工的基本生活，因此将此类债权置于其他债权之上有利于维护社会稳定。其次要清偿的是破产人欠缴的除前项规定以外的社会保险费用和破产人所欠税款。前项规定以外的社会保险费用能更好地保障职工权益，而破产人所欠税款列入这一顺位则体现了税收的强制性。处于最后一个顺位的是普通债权，即没有担保的债权或者放弃优先受偿权的有担保的债权。

企业破产的原因通常是严重资不抵债，因此在进行清偿时，破产财产可能不足以清偿全部债务，这时清偿顺序就起到了至关重要的作用。只有当破产财产清偿前一顺位的债权后有剩余时，才能对下一顺位的债权进行清偿；在同一顺位的债权中，若破产财产不能足额清偿，则应按照该顺位中各个债权所占比例进行清偿。无论破产财产清偿到哪一顺位，当破产财产清偿完毕时，就意味着破产程序的终结，管理人都应当向人民法院申请终止破产程序。

对破产债权的清偿，原则上是以货币的方式进行分配，但当破产财产中有难以确定价值的资产或者难以进行变价的资产时，为避免给债权人造成损失，经债权人会议同意，也可以实物等其他方式进行分配。

二、企业破产财产的分配

（一）破产财产分配方案的主要内容

破产财产的分配，是指破产管理人将破产财产进行变价后，依照法定程序对债权人进行分配。破产财产的分配需要破产管理人制定分配方案，经债权人会议通过后，由破产管理人提请人民法院裁定认可，并由破产管理人执行。破产财产的分配方案应当包括以下内容：第一，参加破产财产分配的债权人名称或者姓名、住所；第二，参加破产财产分配的债权额；第三，可供分配的破产财产数额；第四，破产财产分配的顺序、比例及数额；第五，实施破产财产分配的方法。破产财产可以一次分配，也可以多次分配，破产管理人实施多次分配时，应当将本次分配的财产额和债权额进行公告。对于人民法院已经确认的债权，由清算组向债权人出具债权分配书，该债权分配书具有强制执行力，若破产债务人拒不履行，则债权人有权依据债权分配书向人民法院申请强制执行。

我国《企业破产法》第一百一十五条规定，债权人会议通过破产财产分配方案后，由管理人将该方案提请人民法院裁定认可，但破产财产的分配方案受到破产债务人财产实际情况的限制，所以并非所有的分配方案都能在债权人会议上表决通过。依照《最高人民法院关于审理企业破产案件若干问题的规定》第四十四条的规定，清算组财产分配方案经债权人会议两次讨论未获通过的，由人民法院依法裁定。破产财产分配方案经两次债权人会议均未获得通过的，可由破产管理人向人民法院提出申请，申请人民法院裁定认可该分配方案，在人民法院裁定认可该分配方案后，破产管理人负责该方案的执行。这就充分保障了债权人的自主权，给予债权人两次表决的机会，但同时为了保证工作效率，若经两次债权人会议，分配方案仍不能通过的，则由管理人将该破产财产分配方案直接提请人民法院裁定。

（二）特殊债权的破产财产分配

附生效条件或附解除条件的破产债权，由于其具有不确定性，债权存在受条件成就或者不成就的影响，因此对破产财产进行分配时应当先将其提存。若在最后分配公告日，生效条件未成就或者解除条件成就，此时应当将这部分附条件债权分配给其他债权人，而不能分配给原附条件的债权人；若在最后分配公告日，生效条件成就或者解除条件未成就，应当将这部分债权分配给附条件的债权人。

破产管理人在实施破产财产的分配时会进行公告，债权人应当按照公告和破产财产分配方案规定的时间及时接受财产分配，若债权人在规定时间内没有领取破产财产分配额，破产管理人应当将这部分分配额进行提存，并通知债权人及时领取，债权人在最后分配公告之日起满两个月仍不领取的，则破产管理人应当将已经提存的破产财产分配额分配给其他债权人。

诉讼或者仲裁未决的债权在破产程序中也可以进行债权申报，但由于这类债权具有不确定性，诉讼或者仲裁的结果可能直接影响债权是否存在，因此应当先将其提存，待诉讼或者仲裁结果出具后根据结果的不同将其分配给一方债权人或者分配给其他债权人。该提存分配额的受领也是有时间限制的，若自破产程序终结之日起满二年仍不能受领分配，无论是因诉讼或裁决结果未出具，还是有其他原因，都应当将已提存的分配额重新进行分配，分配给其他债权人。

第三节 企业破产程序的终结

一、破产程序终结及其主要情形

破产程序终结是指破产程序的结束，意味着破产程序目标的实现或者不能实现。在破产程序中，当出现一定的情形时，破产程序即告终结，这些情形主要包括财产不足以支付破产费用、全体债权人同意终结、债权得到全部清偿、无财产可供分配、破产财产分配完毕等。

破产费用由破产财产随时清偿，并且优先于其他破产债权，当破产财产不足以支付破产费用时，也就意味着债权人无法从破产财产中获得清偿，再继续进行破产程序将毫无意义，破产管理人应当提请人民法院终结破产程序。

在破产程序中，破产债务人可与全体债权人就债权债务自行达成协议，并提请人民法院裁定认可。人民法院需对该协议进行审查，符合条件的可裁定认可，终结破产程序。

破产程序的目的在于以破产财产清偿到期债务，维护债权人的权益。当有第三人为债务人提供足额担保或者债务人的财产已清偿完毕全部债务时，破产程序就没有必要继续进行下去，人民法院应当裁定终结破产程序并予以公告。

破产管理人若在破产程序中发现破产债务人已无财产可供分配，如原来预想的财产并不存在或者已经失去价值，则再进行破产程序无实际意义，不能使债权人的债权得到清偿，因此管理人应当提请人民法院终结破产程序。

破产程序终结最常见的原因为破产财产分配完毕。对破产财产进行分配是破产程序的主要目的，当破产管理人按照制定的分配方案将全部破产财产分配完毕时，破产程序的目的已实现，破产管理人应当将分配报告提交人民法院，并申请终结破产程序。

二、破产程序中管理人职务的终止

破产管理人接受人民法院的指定，对破产企业的破产事务进行管理，包括破产财产的处分、变价和分配等，从召开债权人会议到对破产企业进行注销登记都离不开破产管理人。当破产程序终结，企业办理注销登记后，破产管理人的职务终止，破产管理人将不再对破产企业的事务承担管理义务。

破产管理人职务终结的时间为办理完毕注销登记的次日，但是当该破产案件中存在诉讼或者仲裁未决的情况时，破产管理人依然应当继续履行职务，对破产企业的债权债务负责。这些诉讼和仲裁包括人民法院受理破产申请后，已经开始但尚未结束的案件，以及在破产程序进行过程中，因破产债务人的财产争议而发生的诉讼。破产管理人有义务参加这些诉讼或者仲裁案件，若在有诉讼或仲裁未决的情况下破产管理人不执行职务，会给诉讼和仲裁工作带来诸多不便，同时也不利于破产财产后续的管理。因此，即使是破产管理人已经将破产企业办理注销登记，只要存在诉讼或仲裁未决的情况，破产管理人也应当继续履行职务，代表破产人参与诉讼或者仲裁。

破产管理人是企业进入破产程序后由人民法院指定产生的临时机构，破产管理人的职务包括对破产债务人的财产进行管理、拍卖、变卖及分配等。破产管理人具有临时性，因此当破产程序终结，破产程序目的实现后，破产管理人的职务随之终止。我国《企业破产法》第二十五条规定，代表债务人参加诉讼、仲裁或其他法律程序是管理人的法定职责之一。

三、破产程序中财产追加分配的规定

破产财产追加分配，是指对破产财产的补充分配。当破产程序终结后又发现破产人还有其他可供分配的破产财产时，应当由人民法院按照破产财产分配方案对尚未获得完全清偿的债权人进行补充分配。

应当进行追加分配的破产财产主要包括五种：第一，人民法院受理破产案件前一年内债务人无效处理的财产，如无偿转让的财产、以明显不合理的价格交易的财产、对没有财产担保的债务提供财产担保的担保财产、对未到期的债务提前清偿的清偿额以及放弃的债权；第二，人民法院受理破产申请前六个月内，债务人已经处于破产状态仍对个别债权人进行清偿的财产；第三，债务人隐匿、转移的财产，虚构或者承认不真实的债务；第四，债务人的董事、监事和高级管理人员利用职权获得的财产；第五，应当供分配的其他财产，如破产财产分配完毕后又因合同履行获得的收益以及在破产程序中纠正错误支出收回的财产等。对于以上财产提出追加分配是有时间限制的，应当在破产程序终结之日起两年内提出。这里的两年属于除斥期间，若权利人未在该期间内提出追加分配，则丧失其实体权利。进行追加分配的目的在于使债权人的债权得到清偿，因此破产财产应当优先清偿破产费用和共益债务，若以上应当进行追加分配的财产尚不足以支付分配费用，再进行追加分配将无实际意义，应当由人民法院将该财产上交国库。

根据我国《企业破产法》第一百二十三条第一款的规定，在破产程序终结后两年内，发现人民法院受理破产申请前一年内，破产债务人放弃债权或者无偿转让财产的，债权人可以请求人民法院按照破产分配方案进行追加分配。

四、破产程序中债务人的继续清偿责任

在破产程序中，并非所有的债权都能通过企业破产得到全部清偿，未清偿的债权也并非随着破产程序的终结而消灭。破产程序的终结，仅仅意味着债权人在未发现破产债务人的其他财产时不能再从破产债务人处获得清偿，但若该破产债务人有保证人或其他连带债务人，债权人仍然可就未清偿的债权向保证人或其他连带债务人主张清偿，即当债务人破产后，保证人或其他连带债务人的清偿义务不因破产人的破产而消灭，对未清偿的债权，连带债务人仍有义务进行清偿。

五、破产程序终结后的手续办理

破产程序终结后，不论破产原因为何，破产管理人都应当在十日内持人民法院的裁定书，向破产人原登记机关办理注销登记，这是破产管理人在破产程序终结后必须进行的一项工作。我国企业法人是依法登记成立的，因此在其终止时也应当依法办理注销登记。注销登记是终止企业法人权利能力和行为能力的法定形式，其意义在于将破产企业的法律人格归于消灭。在破产案件中，破产程序终结后，破产管理人办理注销登记应当提交注销登记申请书、破产人的企业法人营业

执照和副本、人民法院终结破产程序的裁定书等文件。其中，裁定书用以证明该破产企业已经具备办理注销登记的条件，债权债务已经清理完毕；营业执照和副本作为确认企业行为能力的证明，在其注销时应当收回。在破产人办理完毕注销登记后，应当将情况及时向人民法院报告，同时办理注销登记的行政部门应当在注销登记后向社会发布公告。

第四节 企业破产清算的内部控制

控制活动是企业根据风险评估结果，采用相应的控制措施，将风险控制在可承受度之内的行为。研究破产清算企业的内部控制活动，从破产清算视角研究控制活动，有助于丰富有关控制活动的研究内容，拓展新的视野；有助于完善破产清算各环节的控制措施，进一步防止破产欺诈、舞弊案件的发生，及时发现控制活动的薄弱环节并加以完善，从而更有效地保护债权人的利益，为破产清算企业建立完备的内部控制制度奠定基础。

一、控制活动的机构设置及主要控制内容分析

为了进行有效的破产清算控制活动，首先应根据破产管理工作的具体需要，将破产管理人团队分成若干个专业小组，明确破产清算各环节中各小组的职责职能，把各项控制活动具体落实到相关部门及人员，以便提高控制活动的效率，优化控制活动实施效果。

（一）控制活动的机构设置及分工

综合协调组的主要工作职责：统筹调度、安排、指导、协调各个管理小组的工作；与人民法院、当地政府、债权人沟通和协调；对债务人日常事务的管理和安全保卫；债务人资料的保管与借阅；管理人办公室日常工作安排；管理人文件收发；相关会议筹备；等等。

破产程序组的主要工作职责：提供破产清算工作的法律支持，向人民法院、债权人会议和债权人委员会报告工作；指导、配合其他组的管理工作；等等。

债权审查组的主要工作职责：债权申报的登记、审查；债务人占有他人财产的审查与取回权的审查；等等。

财产管理组的主要工作职责：破产财产的清理、估价、变现、处置等。

劳动人事组的主要工作职责：接管债务人的人事管理、劳动合同解除、职工社会保险及人员工作安置等。

主张权利组的主要工作职责：清理债务人合同，代表债务人的诉讼、仲裁活动，以及收回债务人债权、接受和追索债务人的债务清偿和财产持有人的财产交付等。

财务管理组的主要工作职责：接管债务人的财务工作，负责相关会计核算，编报清算期间财务会计报告；协调配合会计师事务所、资产评估事务所的审计报告和资产评估报告；等等。

审计组的主要工作职责：负责审计监督各分小组（包括组长、副组长）进行清算的过程，并定期或不定期发布审计报告。

（二）破产清算控制活动的基本内容

第一，破产企业的接管。本阶段工作主要内容：企业财产的接收；企业财产的后续管理。其主要的控制活动：验证核对控制；职责分离控制；会计系统控制；财产保护控制。

第二，破产财产的清理。本阶段工作主要内容：确定破产财产的范围；主张破产财产权利；审查破产财产的取回权。其主要的控制活动：业务流程控制；验证核对控制；财产保护控制；高层检查控制。

第三，债权的申报与审查。本阶段工作主要内容：担保债权申报；非担保债权申报；债权审查。其主要的控制活动：验证核对控制；业务流程控制；高层检查控制。

第四，财产的估价。本阶段工作主要内容：实物资产的估价；无形资产的估价；其他资产的估价。其主要的控制活动：业务流程控制；逐层审批控制；高层检查控制。

第五，财产的变现。本阶段工作主要内容：实物资产的变现；无形资产的变现；其他资产的变现。其主要的控制活动：业务流程控制；逐层审批控制；高层检查控制。

第六，财产的分配。本阶段工作主要内容：货币财产的分配；非货币财产的分配。其主要的控制活动：逐层审批控制；高层检查控制。

第七，破产费用与共益债权。本阶段工作主要内容：破产费用的支付；共益债权的支付。其主要的控制活动：授权审批控制；预算控制；绩效考评控制。

二、破产企业接管控制活动的问题及完善策略

在此阶段，管理人进驻破产企业并开始接管企业的财产。接管包含接收和管理两个步骤，如何对破产财产进行全面的接收，并对接收后的破产财产进行有效的管理，是该阶段尤为重要的两项工作。

（一）破产企业接管控制活动的主要问题分析

（1）管理人从破产企业接收财产的完整性不够。管理人进驻破产企业，职责之一是接管破产企业的财产、印章、账簿和文书等资料。而实际上，管理人从破产企业接收的不仅是破产企业的财产，也应包括破产企业经营、管理和占有的其他人的财产，即从财产所有者角度区分，管理人接管的既包括破产企业所有的财产，也包括破产企业占有的属于他人的财产，如依照租赁、保管合同占有的属于他人的财产。如果管理人接管的财产不完全，就会影响企业财产的全面清理；而不能完全掌握企业的财产，对债权人的利益就会造成损害。另外，如果管理人没有接管破产企业占有的其他人的财产，那么在他人行使取回权时，管理人可能没有财产可交付，则必然会带来一系列诉讼案件，不仅费时费力，还会增加破产费用，进而减少可供分配的财产总额，同样会损害债权人利益。

（2）接管过程中，管理人较少亲自调查破产人的财产状况。对破产人财产的接收核对，是管理人掌握其财产真实状况的重要手段。虽然在破产程序开始的裁定做出前，人民法院已令债务人（在被宣告破产前，仍称为债务人）提交财产状况说明书，但仅凭债务人提供的文件，难以辨明债务人真实的财产状况。因此，管理人要亲自验证债务人财产，确定其是否真实存在及其存放地点，并对其财产状况进行审查。如果管理人不尽职，不能调查清楚债务人的财产，遗漏了财产，如账上记载有某项资产而实际中并没有财产实体，这就会对债权人利益造成损害。而且，到了破产清算后期，尤其是破产财产已经分配完毕后对遗漏财产的清理和分配又会耗时耗力，还可能产生争议。

（3）管理人在接管破产企业的财产后，缺乏相应的应急管理机制。管理人在对破产财产进行接管后，破产财产便由管理人进行管理和处置。而财产的种类

和状态多种多样，对某些财产不及时关注或是管理不善，很容易发生毁损或贬值的现象，这样会影响破产财产的价值最大化，进而损害债权人利益。

（二）破产企业接管控制活动的完善策略

（1）加强接管过程的验证核对控制，确保财产接收工作的全面完整。管理人团队各小组要明确本小组要接管的财产内容和交接过程中的工作职责，并亲自执行各类财产交接活动。具体而言，财务管理组要接管破产企业的财务，接收破产企业的账簿、印章、合同等文书资料；劳动人事组要对破产企业的人事档案进行接管，并了解破产企业各类职工的人数及整体情况；而财产管理组要对破产企业的资产进行接收，而这也是交接工作中的重点。财产管理组首先要明确其从破产企业接收的不仅是破产企业的财产，也应包括破产企业经营、管理和占有的其他人的财产。破产企业所有的财产可通过与破产企业的账簿一一核实进行交接，而对于破产企业依照租赁、保管等合同占有的他人财产，管理人应认真审查破产企业移交的合同文书等资料，特别要关注有财产依托的合同。在确定了接收财产的范围后，要对破产财产进行逐项接收，财产管理组一定要亲自与相关人员进行交接，以确定资产的现存状况和运行状况，从而确定财产接收的完整性。

（2）加强财产接管后的财产保护控制，建立财产接管后的应急管理机制。财产管理组对交接后的财产管理和保护承担着重要的责任，在与破产企业交接完毕后，财产管理组要对财产的种类、特征和特性进行分类汇总，并要定期对财产的状态进行查看，对财产的数量进行盘查，及时关注财产状态和价值上的变化。在财产变价方案经债权人会议通过之前，有些财产可能出现毁损、贬值的现象，如容易腐烂变质的存货；或某些财产继续保存的维护成本很高，那么财产管理组有责任和义务，本着实现破产财产价值最大化的原则，向管理人的负责人汇报财产状况，以便管理人的负责人与债权人委员会沟通协调，及时变现财产，减少不必要的损失。为此，财产管理组在发现上述现象时，要及时与破产程序组沟通，按照法定程序操作后，由管理人的负责人将财产处置情况向债权人和人民法院汇报。

三、破产财产清理控制活动的问题及完善

在破产财产清理控制活动中，管理人要明确破产财产的范围、主张破产财产权利、严格审查破产财产的取回，以保证破产财产的最大化，保证债权人的利益

不受到损害。

（一）破产财产清理控制活动的主要问题分析

破产财产清理控制活动的主要问题包括：管理人怠于主张债务企业的财产权利，对本属于破产企业的财产不予追回，进而导致可供分配的破产财产减少，使债权人的利益蒙受损失。

从《企业破产法》的角度来说，《企业破产法》规定了管理人对债务企业财产权利的主张行为，主要包括收回破产人未收回的债权，追回属于债务企业被他人占有的财产，审查并追回可撤销行为的财产，审查并追回无效行为的财产，要求尚未完全履行出资义务的出资人缴纳所认缴的出资，追回债务人的董事、监事和高级管理人员利用职权从企业获取的非正常收入和侵占的企业财产。同时，《企业破产法》具体规定了管理人在其中的职责，即人民法院受理破产申请前一年内，涉及债务人财产的可撤销行为，管理人"有权"请求人民法院予以撤销。《企业破产法》还规定，人民法院受理破产申请后，债务人的出资人尚未完全履行出资义务的，管理人"应当"要求该出资人缴纳所认缴的出资。债务人的董事、监事和高级管理人员利用职权从企业获取的非正常收入和侵占的企业财产，管理人"应当"追回。从上述规定可以看出，《企业破产法》将管理人主张权利行为定义为"有权""应当"，即管理人是否行使撤销权等全凭管理人对工作的负责程度，这更是给了管理人怠于主张破产企业财产权利的机会。

由此可以发现，在破产财产清理环节，对管理人工作的控制活动存在薄弱点：首先，《企业破产法》并未针对管理人对破产企业财产的权利主张工作进行强有力的控制，并且缺乏对管理人工作流程的规范，对破产企业的财产保护控制不足。其次，外部监督主体对管理人权利主张工作的不力监督，可能给管理人怠于主张权利的行为带来可能，给权利主张工作的顺利开展带来隐患。因此，在破产财产清理环节，应完善此部分的控制活动和措施，最大限度地维护破产企业财产的完整性，最大限度地保护债权人的利益。

（二）破产财产清理控制活动的完善策略

1.加强对破产财产权利主张工作的业务流程控制

在破产财产清理控制活动中，主张权利组应发挥重要的职责，只有最大限度地主张破产企业的财产权利,才能最大限度地保护债权人利益。为此,必须规范和完善管理人在进行权利主张过程中的工作程序,以便于更有效、更全面地开展权利主张工作。

（1）主张权利组要明确主张破产人的财产权利,主要包括:收回破产人未收回的债权;追回被他人占有的财产;审查并追回有撤销行为的财产;审查并追回无效行为的财产;要求尚未完全履行出资义务的出资人缴纳所认缴的出资;追回债务人的董事、监事和高级管理人员利用职权从企业获取的非正常收入和侵占的企业财产。

（2）主张权利组要逐项审查破产人的各项财产权利,并予以追回。具体包括以下几方面。

第一,对未收回债权的审查和追回。主张权利组应审查债务企业的应收账款账户,向债务企业的债务人送达清偿债务通知书,要求其及时清偿债务;同时对于金额较大的债权可采取当面催要的方法。如果债务企业的债权人拒绝清偿债务,管理人应向人民法院提起债权给付之诉,请求人民法院判令其清偿债务。

第二,对被他人占有财产的审查和追回。主张权利组应审查合同、文书等资料,查看是否有债务企业的财产依据某些合同而暂时存放在其他企业的情况,如有,要向相关财产持有人送达交付财产通知书,要求其交付债务人财产。如果债务企业的债权人拒绝交付财产,管理人应向人民法院提起财产给付之诉,请求人民法院判令其交付。

第三,对债务企业可撤销行为和无效行为的审查和追回。主张权利组可以通过询问债务企业相关人员、查看债务企业相关合同和财产资料的方式,密切关注企业是否存在可撤销行为和无效行为,一经发现,应直接向相对人主张行为的撤销或无效,要求其返还财产。如果相对人拒绝返还,管理人可向人民法院申请强制其返还。

第四,对未完全履行出资义务的审查和追回。主张权利组可审查债务企业的验资报告、债务企业与出资人之间的出资协议和相关出资证明,要求未完全出资的出资人缴纳所认缴的出资。出资人拒不履行出资义务的,管理人可以起诉要求其缴纳出资。

第五,对企业高级管理人员多占财产行为的审查和追回。主张权利组应密切关注债务企业高级管理人员的工资和奖金,对其金额异常的工资和奖金,询问相关人员并查明原因，同时还要关注债务企业高级管理人员的其他应收款账户，查明应收项目的原因。对债务企业高级管理人员利用职权获取的非正常收入和侵占的企业财产，管理人要予以追回。

2.强化破产财产清理工作的高层检查控制

管理人对债务企业财产权利的主张不能仅靠管理人对自身的行为约束，外部的行为监督也是极其必要的。这就要求人民法院和债权人委员会充分发挥其各自的监督职能。在召开第一次债权人会议以前，人民法院要充分发挥其监督职能，如在清理工作完毕后，要求管理人向其报告财产清理工作，具体了解财产权利的主张行为，包括管理人做过哪些权利的调查主张工作，财产是否被追回，等等。在第一次债权人会议上，债权人也要认真听取管理人对财产清理工作的报告，充分发挥对管理人行为的事后监督作用。

四、债权申报与审查控制活动的问题及完善策略

在债权申报与审查控制活动中，管理人要对申报的各项债权进行严格的审查和确认，还要确保申报主体的完整性；对一些缺乏申报动力的债权人进行引导和督促，以进一步维护相关者的利益。

（一）债权申报与审查控制活动的主要问题分析

在债权申报环节，某些特殊债权人缺乏申报动力，导致债权申报不完全，可能损害企业职工的社保权益和国家税收利益。

《企业破产法》规定劳动债权无须申报，有担保的债权和普通债权可以通过债权人的主动申报得到清偿。但是，破产企业欠缴的其他社保费用和欠缴的税款，债权人分别是社保机构和税务机关，而在现实中这两个机构很少主动申报；如果这两部分债权没有申报，自然也就不能参加清偿，由此将损害企业职工的社保权益和国家的税收利益。

根据破产财产债权清偿的顺序，可以把破产债权分为：在债权清偿顺序中排在第一位的劳动债权；在债权清偿顺序中排在第二位的破产企业欠缴的其他社保费用和所欠税款；在债权清偿顺序中排在第三位的普通债权。

劳动债权根据法律规定不必申报，由管理人进行调查后列出清单，予以公

示。职工对其有异议的，可要求管理人更正；管理人不予更正的，可向人民法院提起诉讼。而对于普通债权，债权人出于自身利益的考虑通常会主动申报。

值得注意的是破产企业欠缴的其他社保费用和所欠税款。对于破产企业欠缴的其他社保费用，法律没有规定不申报就可以行使权利。但在现实中，社保经办机构很少主动前来申报欠缴的社保费用。按照不申报就不能行使债权的原则，则企业欠缴的社保费用就不能参加清偿，这会严重影响职工的社保权益，也不利于办理下一步的社保登记注销手续。而对于破产企业所欠税款，实践中具有征收权限的税务机关往往怠于申报债权和提供证据材料，但在破产财产分配时却强烈要求人民法院予以确认分配。同时，如果没有税务机关的完税证明，破产企业是不能办理注销的。

（二）债权申报与审查控制活动的完善策略

经过上述分析可以发现破产债权申报环节中的一个重要漏洞：缺乏相应的控制主体对可能缺乏申报动力的相关机构的债权申报工作进行督促。也就是说，有些债权不能仅凭债权人主动申报，而是需要管理人协助或督促相关机构进行申报，否则根据不申报就不能参与受偿的原则，债权申报的遗漏既会损害企业职工的利益，也会损害国家的利益。因此，应把协助和督促相关机构申报债权的工作纳入管理人工作当中，完善管理人在债权申报环节的工作流程，做好业务流程控制工作。这样一方面可以保护破产企业职工和国家的利益，另一方面也能为破产清算活动的顺利开展提供保证。

（1）完善企业欠缴的其他社保费用的债权申报工作。劳动人事组应充分发挥在此环节的作用。具体而言，劳动人事组要加强与社保经办机构的联系，主动调查破产企业欠缴的其他社保费用，准确确定企业欠缴的数额，并促请社保经办机构出具相应的债权申报材料，及早进行债权申报。此外，还可以通过加强与债权审查组沟通的方式，了解社保机构的债权申报情况。如若了解到社保机构仍未进行债权申报，可再与社保机构取得联系，促请其申报债权，从而切实维护好破产企业职工的社保利益。

（2）完善企业欠缴税款的债权申报工作。财务管理组要充分发挥在此环节中的作用，可以派出专门的主管纳税的人员核定破产企业欠缴的各项税款，包括：调查并与国家税务部门和地方税务部门共同核定债务人欠缴的除地方财政部门和海关征收的税款以外的各种税款；调查并与地方财政部门共同核定债务人欠缴的地方附加税和征地占用税；调查并与海关共同核定债务人欠缴的关税、行李和邮递物品进口税及代征的进出口环节的增值税和消费税。核定完毕后，财务管理组要填写"纳税申报表"等材料，向税务机关的征收部门进行纳税申报，由税务机关的征收部门对提交的纳税申报材料进行审核，确认后作为应交税费的依据，由财务管理组促请税务机关前来进行债权申报，以切实维护国家的税收利益。

五、财产估价控制活动的问题及完善策略

在财产估价控制活动中，管理人要选择专门的资产评估机构对破产财产进行评估，而评估的结果直接关系着后续的破产财产变价。因此，对评估机构的挑选是本环节的重要工作。

（一）财产估价控制活动的主要问题分析

财产估价控制活动的问题主要包括管理人徇私舞弊、与评估机构串通、过高评估或过低评估财产等，损害了债权人权益。

在对破产财产进行变价之前，聘请有相关资质的资产评估机构对其进行评估是十分必要的，此评估既可作为财产拍卖的底价，也可为财产变卖提供参考价格。但是如果管理人出于某种动机与评估机构串通，恶意高估资产，可能就会因资产估价过高而无人竞买，导致流拍；而恶意低估资产又可能导致得到的价款远远低于资产的实际价值，没有实现破产财产价值最大化的目标。因此，高估或低估企业的破产财产都会给债权人的利益带来损害。

破产财产包括货币资产和非货币资产。货币资产可直接在破产财产分配环节进行分配；非货币资产则大部分要通过变价的方式转变为货币，进而予以分配，还有一小部分非货币资产可以不变价直接对债权人进行分配。

因此，无论是变价后分配还是不变价直接分配，对资产进行评估都是相当必要的。因为不变价直接分配需要评估资产价值作为分配的依据；而变价后分配需要先对资产变价，变价方式又分为拍卖和变卖两种，评估机构对资产的估价可以为拍卖提供底价，为财产的变卖提供参考价格。由此可见，对破产财产的准确估价是极其必要且重要的，于是对评估机构的选择和确定是破产财产估价环节的关键。

《企业破产法》规定，管理人要聘请有相关资质的评估机构进行评估。但此规定并未对评估机构的资质及条件进行控制，也没有对选择评估机构的工作流程进行规定。这一方面可能造成评估机构不能胜任评估工作而导致评估质量不高，另一方面也给了管理人出于个人利益与评估机构串通、恶意高估或低估资产的机会，这些都将导致评估工作不能顺利开展，进而影响债权人利益。因此，规范评估机构的选择制度，即明确业务流程，强化挑选过程中的逐层审批控制，是该环节工作的重点。

（二）财产估价控制活动的完善策略

1.加强评估机构挑选工作的业务流程控制

为了保证评估机构挑选的公正性，由人民法院建立各类资产评估机构名册。人民法院可以发布公告，请有意申请入册的评估机构提供本机构相关资质的证明资料，在进行初步资格审查后，挑选出一部分符合条件的机构再进行公开选拔。选拔过程中可以请各评估机构对本机构的概况、具有的相关资质情况，以及运作的规范性、诚信度等进行展示，而后由人民法院的评审委员会对以上各项进行公开评审，从中择优确定入选的评估机构。名册确定后，人民法院要召开入选评估机构会议，并由入选评估机构与人民法院共同签订入选评估机构协议书。

此外，由于资产的种类繁多，一些资产的评估需要评估者具备专业的评估知识和运用专门的评估仪器，因此评估机构也有种类区分。目前我国主要有以下几种评估机构：由省级财政部门颁发资产评估资格证书的评估机构；由财政部和中国证券监督管理委员会联合颁发从事证券业务资产评估许可证的资产评估机构；由自然资源部颁发土地资产评估资格证书的评估机构（分为A级和B级）；由住房和城乡建设部颁发房地产评估资格证书的评估机构；由自然资源部颁发矿产资源评估资格证书的评估机构。这就要求人民法院根据资产的种类不同，建立各类资产的评估机构名册，以使评估工作更加规范和准确。

2.强化评估机构选择过程的逐层审批控制

评估机构的选择首先应由财产管理组根据债务人财产的性质，从具有相应资质的评估机构中挑选出合适的评估机构，之后把选中的评估机构及选择理由向破产程序组汇报,并回答破产程序组的疑问。然后,破产程序组向债权人委员会报告评估机构的选择结果,并接受债权人委员会的监督。未设立债权人委员会的,破产程序组应向人民法院报告,人民法院要及时召集债权人会议对此做出决议。如债权人委员会或人民法院对此没有异议,则评估机构选择成功;若有异议,可重新挑选评估机构。这样,经过多层的审批控制程序,可以在很大程度上防止管理人与评估机构串通的行为,从而规范评估机构的选择过程。

六、财产变价控制活动的问题及完善策略

在财产变价控制活动中,管理人要对破产财产进行变价处理,而变价方式、拍卖机构的选择直接关系到财产变价的金额,也关系到可供债权人分配的金额,所以破产财产变价环节是财产分配前的关键环节。

(一)财产变价控制活动的主要问题分析

(1)管理人与拍卖机构恶意串通,收受拍卖机构回扣使其获拍卖权,严重影响破产财产变价活动的公平与公正。

(2)管理人与他人恶意串通,从拍卖款中不法获利,损害债权人利益。

(3)对于采用变卖方式变价的财产,管理人可能出于个人利益,与他人恶意串通,压低财产变卖款,不能使破产财产价值最大化,从而损害债权人利益。

(二)财产变价控制活动的完善策略

1.加强变价方式选择工作的业务流程控制

破产财产变价的方式分为两种:一是以拍卖的方式变价,二是以变卖的方式变价。拍卖方式可以通过出价者之间的竞争来提高破产财产的售价,而且也更加公开透明,因此在一般情况下,拍卖是强制性的变价方式。而有些财产(如鲜活财产)采用拍卖的方式不一定能按最高价格出售,而且成本较高、耗时较长,则可采用变卖的方式进行变价。由此可见,变价方式的选择存在一定的灵活性,而这种灵活性又可能导致管理人徇私舞弊、谋取私利等不法行为的产生。因此,规范变价方式选择的业务流程,强化管理人团队内部各小组间的牵制和债权人委员会的外部监督,能有效防止此环节中不法案件的发生。

具体而言，可先由财产管理组拟定初步的财产变价方案，尤其要对采取非拍卖方式变价的财产写明不实行拍卖变价的原因，并提交该方案及相应资料给破产程序组。破产程序组在对该初步变价方案进行审查时，尤其需要关注采用非拍卖方式变价的财产，并对财产管理组列明的原因进行询问和必要的调查，以进一步确定该项资产确实不能采用拍卖方式。审查完毕后，把审查通过的初步财产变价方案交还给财产管理组，由其生成破产财产变价方案，并在其后附上由财产管理组提交的、破产程序组审查通过的采取非拍卖方式变价的原因说明书，而后一并提交给债权人会议审议，接受债权人会议的监督。这样，经过层层审查，规范财产变价方式的选择流程。

2.加强拍卖机构选择工作的业务流程控制

在拍卖机构的选择上，人民法院可充分发挥其权威作用，对拍卖机构的选择加以限制。由于人民法院日常事务众多，因此为了加强管理，可将选定拍卖机构的权利统一收归司法技术辅助工作部门。人民法院可建立专门的拍卖机构名册，要求所有的拍卖程序只能从拍卖机构名册中随机选定拍卖机构。在具体选定过程中，可由受理破产案件的人民法院与建立拍卖机构名册的人民法院联系，从拍卖机构名册中随机选定一家拍卖机构。这样一来，管理人便不具有对拍卖机构的选择资格，可从源头上防止拍卖机构为获取拍卖权向管理人行贿等案件的发生，从而保证拍卖机构选择的公正性。

3.强化财产变价后的高层检查控制

（1）债权人委员会要重点关注拍卖成交价款或变卖所得价款。无论是采用拍卖方式变价，还是采用变卖方式变价，破产财产的拍卖成交价款和变卖所得价款都应与财产的评估价值相差不大；只有在采用评估价值无法实现变卖的情况下，管理人才能适当降低变卖价格。因此，债权人会议应关注财产的变价进展和变价情况，对于拍卖成交价款和变卖所得价款与评估价值相差较大的现象，应及时询问管理人并弄清原因，以避免管理人串通他人恶意压低变卖款现象的发生，切实维护好债权人自身的利益。

（2）债权人委员会还要对财产变价的买受人身份予以关注。从已发生的案件中不难发现，管理人如在破产变价环节与他人恶意串通，都会与买受人有或多或少的联系，即管理人常常先让有关系的买受人拍卖获得或买下破产财产，进而再对财产转手或自用以从中获利。因此，债权人委员会可以通过审查买受人身份这一角度，从侧面对变价过程中可能发生的违法事件进行审查。

七、财产分配控制活动的问题及完善策略

在财产分配控制活动中，管理人要对全部破产财产进行分配，它关系着每个债权人能在多大程度上受偿，是债权人权益得以实现的关键环节。因此，如何最大限度地保证破产财产的公平分配，是本阶段管理人工作的重点。

（一）财产分配控制活动的主要问题分析

1.存在分配不公的风险

采用非货币方式进行财产分配，如实物分配方式，是以实物资产的评估价格作为分配依据，这样容易给不法分子以可乘之机，如他们与评估机构串通，故意压低评估价格，这样把实际价值较高的实物资产分配给某一债权人，实际上是对其他债权人利益的损害。

破产财产分配方式主要有货币分配、实物分配、权利分配（债权与无形资产等）三种。采用货币分配方式在债权人间对破产财产进行分配，能够最大限度地保证破产财产分配活动的公平公正。实物分配方式是指对无法变现或变现会造成重大损失而又可以化整为零、分散处理的财产，在进行评估后将实物分配给债权人。在必要时采取实物分配的方式，不但可以使破产分配顺利进行，还可以使破产财产得到保值和充分的利用。而当破产财产主要体现为对外债权而又难以及时收回时，管理人可以采用权利分配方式将债权分配给债权人，这样可以节省清算费用，提高效率。

虽然实物分配和权利分配方式可以使破产财产的分配活动顺利进行，甚至会提高效率，但是如果债权人不对其加以控制监督，则很可能出现分配不公的现象，从而损害自身利益。

2.可能损害债权人应有的利益

《企业破产法》规定，管理人在制定破产财产分配方案时，要对附生效条件

或解除条件的债权分配额、诉讼或仲裁未决的债权分配额及债权人未及时受领的破产财产分配额分别进行提存。在特定时间内仍未领取的，管理人要将提存的分配额进行再分配。如果管理人不重视分配额的后续处理，或是出于私利将其据为己有，而没有对本应进行提存的分配额进行再分配，则是对所有债权人利益的一种侵犯行为。

（二）财产分配控制活动的完善策略

1.加强非货币分配过程的高层检查控制

实物分配和权利分配的公正与否直接关系到债权人的债权能否得到公平的清偿，关系到债权人的利益能否得到应有的保护。因此，强化债权人会议在实物分配和权利分配过程中的监督作用，不仅能使实物分配和权利分配过程更加公开透明，分配结果更加公平公正，而且从债权人的角度来说，他们出于自身利益的考虑，本身也有着极大的动力去行使该环节的监督作用。

实物分配通常以评估价格作为分配依据。在债权人会议上，债权人会议要认真审查管理人提交的评估机构出具的评估资料，必要时可要求另找一家评估机构重新进行评估，以保证实物分配的公平公正。

权利分配中的债权分配以破产企业拥有的对外债权作为分配依据。在债权人会议上，债权人会议要认真审查管理人提交的破产企业拥有的债权凭证或合同，确认破产企业对外债权权利及金额的真实性。在确定目标受偿债权人时，可以通过选择目标债权人和破产企业的债务人在同一城市或相近城市的方法，以方便目标受偿债权人向破产企业债务人追偿债权。

2.强化监督主体对这一过程的高层检查控制

《企业破产法》规定有三类事项需要对分配额进行提存，而提存的分配额的后续处理办法也要依照具体情况来决定。如果能够明确分配的监督主体，那么各监督主体各司其职，便可对破产财产分配工作给予恰当的监督和控制。

对于附生效条件或解除条件的债权，由于在最后分配公告日这一天，即要决定其提存的分配额是要分配给某一特定债权人还是分配给全体债权人，因此对该部分提存的分配额的处置会体现在最后一次分配的破产财产分配方案中，故这部分提存的分配额处置的监督主体是债权人委员会。

对于债权人未受领的破产财产分配额，由于《企业破产法》规定，在最后分配公告之日起满两个月仍未领取的，要将其分配给其他债权人，而那时破产程序是否已终结、债权人会议是否已解散均不得而知，故监督主体应是人民法院。

对于诉讼或仲裁未决的债权，由于《企业破产法》规定，在自破产程序终结之日起满两年内，仍不能受领分配的，要将提存的分配额分配给其他债权人，而此时债权人会议已解散，故监督主体是人民法院。

八、破产费用与共益债权控制活动的问题及完善策略

管理人为保证破产清算工作的顺利进行，出于工作需要，必然产生相关破产费用及共益债权，而该款项的支付会减少债权人的可分配财产。如何规范该款项的支付过程，控制不必要的支出是该环节的重要问题。

（一）破产费用与共益债权控制活动的主要问题分析

破产费用主要包括下列内容：破产案件的诉讼费用；管理人管理、变价、分配债务人财产的费用；管理人执行职务的费用、报酬和聘用工作人员的费用；等等。根据法律规定及审理破产案件的司法程序，在破产费用中破产案件的诉讼费和管理人的报酬是相对确定的，只有管理人管理、变价、分配债务人财产的费用及管理人执行职务的费用存在较大的灵活性。管理人可能出于私利，巧立名目贪污、挪用破产企业款项，或是把不属于破产费用的款项支付作为破产费用处理，容易导致管理人徇私舞弊、贪污挪用破产企业款项等不法案件的发生。此外，破产费用的支付是优先于破产债权的，故破产费用的增加无疑减少了可供债权人分配的财产总额，进而损害了债权人利益。

（二）破产费用与共益债权控制活动的完善策略

1.加强款项支付的逐层审批控制

破产费用支付的审批控制包括管理人内部逐层审批控制和债权人委员会审批控制。首先管理人团队与债权人会议要进行协商，明确各自对破产费用的审批权限，即破产费用金额多少时只要管理人内部审批即可支付，破产费用金额达到多

少时只有经债权人委员会批准才能支付。这样,既可避免因零星的破产费用支付都要请示债权人会议审批而给工作带来不便,也能最大限度地防范因管理人的不法行为给债权人利益带来损害。

管理人内部逐层审批实行先审核、后审批的程序。管理人团队的主张权利组在申请破产案件的诉讼费用支出时,财产管理组在申请管理、变价和分配债务人财产的费用支出时,其他小组在申请执行职务的费用支出时,都要经过管理人团队的层层审批。具体而言,一项破产费用的审批首先应由各小组的负责人审核,审核无误后方可签字审批,这样才能对款项支出的原因和金额的真实性负责。其次,由财务管理组的财务人员对其合理性、合规性、合法性及原始凭证的规范性进行初审,经审核无误后签字审批,以示负责。若不符合规定,财务人员不予签署审核意见,并要做好解释工作。最后,由管理人团队的组长根据财务审核意见及实际情况严格把关,签字审批。这样即完成了管理人内部的逐层审批程序,财务人员对该项破产费用才可予以支付。

对于一定数额以上的破产费用,必须经过债权人委员会的审批才能支付。为了加强对破产费用的管理,可以实行财务总监制度,即由债权人委员会派出一名代表人员担任财务总监,专门负责审核破产费用。当破产费用数额达到一定限额时,除了管理人团队内部要进行逐层审批外,还要有财务总监的签字审批,财务人员只有在确认一切审批程序完成后才能予以支付。而债权人委员会或债权人会议的其他人员也可通过不定时抽审破产费用款项支付的方法来起到对破产费用的监督作用。这样,既可以让债权人充分参与到破产费用支出的控制和监督活动中来,使其充分行使自身的权利,维护自身的合法利益,同时还能防范管理人团队内部相互勾结、串通,共谋挪用破产费用现象的发生。

2.建立破产费用的预算控制制度

由于破产费用的支付优先于债权清偿,故破产费用是债权人可受偿金额的抵减项,并且可以在破产清算过程中随时支付。因此,只有建立全面的预算控制体系,对其支付进行预算控制,才能最大限度地保证破产费用支付的合理性,最大限度地保护债权人的利益。

具体而言,首先,由管理人团队内各小组结合自身的工作内容和工作要求编制本小组的预算计划,并在规定期限内提交给财务管理组的相关预算管理人员。

其次，管理人团队的预算管理人员对各小组上报的预算方案进行汇总，并进行审核平衡，之后把经审核平衡的预算计划报经债权人委员会审核。待债权人委员会审核通过后，财务管理组根据预算计划编制并下达正式的预算方案。最后，各小组需严格按照编制的预算方案来执行。对于超预算的款项支出需提交书面文字，列明超预算的金额和原因，上报债权人委员会审批。只有经过债权人委员会审议通过的超预算破产费用，财务管理组才能予以支付。这样，预算内破产费用的支出有所依据，同时对一些特殊的超支的破产费用也进行了有效的控制，从而最大限度地限制了破产费用的支出，保护了债权人的利益。共益债权的控制可以参照破产费用的控制。

第三章　现代企业破产中的税收优先权问题

近年来，税收优先权问题获得广泛关注，该问题不仅关系到债权人的利益与国家公共利益，还关系到整个社会的和谐发展。本章主要围绕税收与税收优先权认知、破产程序中保留税收优先权的必要性、破产程序中税收优先权行使的现实基础、破产程序中税收优先权行使的完善建议展开论述。

第一节　税收与税收优先权认知

一、税收的认知

（一）税收的内涵

1.税收的内涵与外延

税收是一个人们十分熟悉的古老的经济范畴，在历史上也称为赋税、租税或捐税等。它是国家为向社会提供公共产品，凭借政治权力，按照法定标准，强制地、无偿地参与国民收入分配而取得财政收入的一种分配方式，它也是国家用以控制和调节经济的重要工具。对税收概念的内涵与外延，可从以下几个方面去理解。

（1）税收是国家取得财政收入的一种方式。从最简单、最直观的现象看，税收首先是国家取得财政收入的一种方式。从纵向角度看，历史上不同社会制度的国家为取得财政收入曾采用多种方式，但其中都包括税收这种方式。从横向角度看，在现代经济社会，国家财政收入除了税收以外，还有债、费、利等多种形式，虽然不同国家税收收入占财政收入的比重有所不同，但绝大多数国家都把税收作为取得财政收入的主要手段。

（2）国家征税的目的是为社会提供公共产品。税收作为一种分配形式，从本质上说是以满足社会公共需要为基本目的的。公共需要作为一种社会的客观需要，它的物质内容表现为公共产品和公共服务。这类公共产品具有非排他性和非竞争性的特点，由此决定了社会成员不可能通过市场交换的方式来取得公共产品，也决定了满足公共产品需求的分配必须由履行社会公共职能的国家来执行。国家征税，取得财政收入不是目的，而只是一种手段，其目的是为社会提供公共产品。国家在提供公共产品和公共服务的过程中要有相应的人力和物力消耗，形成一定的支出。对这类支出的补偿正是国家征税的目的所在。

（3）国家征税的依据是政治权力。国家取得任何一种财政收入，总要凭借某种权力。而国家权力归根结底不外乎两种，即财产权和政治权力。国家要取得财政收入，所依据的不是财产权就是政治权力，两者必居其一。例如，奴隶制国家的王室土地收入凭借的是国家对土地的所有权；封建制国家的官产收入凭借的是国家对生产资料的所有权；社会主义国家的国有企业上缴利润收入也是凭借国家对生产资料的所有权。这些收入依据的都是国家的财产权。税收则不同，它所依据的是国家的政治权力。也就是说，国家征税带有政治强制性，这种政治权力是通过法律来执行的。因为征税使一部分属于私人所有的社会产品转变为国家所有，必然会引起国家与纳税人的利益冲突。国家只有运用法律的权威性，才能把税收秩序有效地建立起来；也只有通过法律形式，才能保证及时、足额地取得税收，并使国家在税收上的意图得到贯彻执行。

（4）税收是国家调节经济的重要工具。税收作为一种财政分配形式，就其与生产的关系而言，一方面要受生产的决定和制约，另一方面又积极影响生产。分配并不仅仅是生产和交换的消极的产物，它反过来又同样地影响生产和交换。税收影响和调节经济，首先表现在国家可以运用税收分配政策调节社会的需求总量，实现社会经济的稳定。例如，在经济萧条时期，国家可以采用减税的方法刺激投资和消费，刺激经济增长。其次，国家可以通过税收收入结构的变化影响社会经济结构的变化。例如，在市场经济条件下，国家可以采用轻税或重税政策，鼓励或限制某一产业或行业的发展，从而改变产业结构。

2.税收的形式特征分析

税收的形式特征，是指税收这种财政收入形式区别于其他财政收入形式的基本标志,是税收本身所固有的表象特征。具体而言,其是指税收的强制性、无偿性和固定性。

(1) 税收的强制性。税收的强制性,是指税收依靠国家权力的强制征收而取得,国家以法律形式来确定政府作为征税者和社会成员作为纳税人之间的权利和义务关系。任何组织和个人都必须依法履行纳税义务,否则就会受到法律的制裁。不论何种社会,税收之所以成为财政收入的强有力的形式,就在于它有法律保证。税收的这种强制性与公债收入、规费收入、公有财产收入等其他财政收入形式有明显的区别。税收之所以具有强制性,是由税收作为补偿公共产品价值的这一分配性质所决定的。由于政府提供的公共产品具有非排他性、非竞争性的特点,因此社会成员在消费公共产品时是不会自愿付费的,政府只有通过强制征税的方式才能使公共产品的价值得以补偿。

(2) 税收的无偿性。税收的无偿性,是指国家征税后,既不需要偿还,也不需要向纳税人付出任何报酬。税收的无偿性是就政府与具体纳税人之间关系而言的,二者权利和义务关系是不对等的。政府向纳税人征税,不以具体提供公共产品和公共服务为依据;而纳税人向政府纳税,也不以具体分享公共产品和公共服务利益为前提。就税收的这种无偿性而论,税收和其他财政收入形式是明显不同的。例如,国家发行公债,取得债务收入,国家是作为债务人对债券持有者具有直接的偿还关系,即公债收入是有偿的,必须按期还本付息。规费收入也体现一种有偿性,它是以国家机关为居民提供某种服务为前提的。税收的无偿性是由财政的无偿分配所决定的。国家财政支出体现着国家在实现其公共职能过程中所耗费的物质资财,财政支出是无偿分配的,因此国家凭借政治权力取得用于这种支出的财政收入——税收,也只能是无偿的。

(3) 税收的固定性。税收的固定性,是指国家通过法律形式,预先规定征税的对象以及征收的比例或数额,并按预先确定的标准实施征税。税法一经公布实施,征纳双方都必须严格遵守。纳税人必须依法纳税,不得偷漏和拖欠。税务机关也必须依法征税,不得随意降低或提高征收标准。税收的固定性,既有利于纳税人生产经营活动的正常开展,也有利于国家财政收入的稳定。同时,对征纳双方的法律约束也符合市场经济发展的要求。应该指出的是,不能将税收的固定性误解为课税对象和征收比例永远固定不变。事实上,随着社会经济的发展变化以及国家经济政策的改革和调整,税收的课税对象和征收比例是不断变化的。但课税对象和征收比例的调整变化是要通过法律形式事先规定的,而且在一定时期内要求相对稳定。因此,税收的固定性特征是相对的。

上述税收的三个形式特征是税收的一般特征,是任何社会制度下税收所共有的特征。同时,这三个特征是缺一不可的统一整体,是税收区别于其他财政收入的基本标志,也是鉴别一种财政收入是不是税收的基本尺度。因此,判断一种财政收入是不是税收,不能看它的名称,也不能用其他标准,只能看它是否同时具备这三个形式特征。同时具备这三个特征的才是税收,否则就不能算作税收。

(二)税收的分类

所谓税收分类,就是按照一定的标准,对性质相同或近似的税种进行归类研究。现代国家的税制一般都是由多个税种组成的复合税制,每个税种都具有自身的特点和功能,但用某个特定的标准去衡量,有些税种具有共同的性质、特点和相近的功能,从而区别于其他税种而形成一"类"。对税种进行科学的分类,有利于认识各类税收的特征和功能,加强各税种之间的配合,更好地发挥各类税收的调节作用;有利于分析和研究税制发展演变的历史过程,研究税源的分布和税收负担的归宿,以达到培养财源、组织收入的目的;还有利于正确划分中央税收与地方税收,以及各级政府之间的税收管理权限,解决财力分配方面的矛盾。

(1)按税负能否转嫁,可以将税收划分为直接税和间接税。直接税是指税款由纳税人缴纳,同时也由纳税人负担,不能转嫁给他人的税收;间接税是指税款由纳税人缴纳,但可以通过各种方式将税负转嫁给他人的税收。一般认为所得税和财产税属于直接税,商品课税属于间接税。事实上,税负转嫁是一个相当复杂的过程。它不仅取决于税种的性质和特点,还取决于客观的经济条件。所有税收都有转嫁的可能,只是所得税和财产税不易转嫁,而商品课税则更容易转嫁而已。

(2)按税收收入的形态,可以将税收划分为实物税和货币税。实物税是指以实物形式征收的税;货币税是指以货币形式征收的税。实物税是自然经济条件下的产物,也是税收采取的初级形态。实物税使国家能够直接掌握和控制关系国计民生的重要产品物资,但不便于税收的缴纳与征收管理。随着商品货币经济的发展,实物税逐步被货币税所取代。采用货币形式征税,不仅便于缴纳和征收管理,有助于财政资金的供给,而且还使税收调节社会经济生活的职能得以广泛实现。

（3）按税收的计量标准，可以将税收划分为从量税和从价税。从量税是以课税对象的数量、重量、容积、体积、面积等为标准，按预先确定的单位税额计征的税，亦称"从量计征"，如我国的耕地占用税、车船税等。从价税是以课税对象的价格为标准，按一定比例计征的税，亦称"从价计征"，如我国的增值税、房产税等。从量税的税额随课税对象数量的变化而变化，计算简便，再配合以差别固定税额，可以达到调节级差收入及特定经济行为之目的。但其税负水平是相对固定的，不能随价格高低变动而增减，因此在保证财政收入和公平税负方面有一定的缺陷。相比较而言，从价税更适应商品经济的要求，它不仅与课税对象的数量有密切关系，更受价格变动的明显影响。因此，从价税能够保证税额与国民收入同步增长，也能够体现税负公平。

（4）按税收与价格的关系，可以将税收划分为价内税和价外税。价内税是指税金作为价格的组成部分的税收；价外税是指税金作为价格以外的附加，不构成价格组成部分的税收。与之相适应，价内税的计税依据称为含税价格，价外税的计税依据称为不含税价格。一般认为，价内税课征的侧重点是生产者，起调节生产之作用；价外税课征的侧重点是消费者，起调节消费之作用。

（5）按税收管理权限，可以将税收划分为中央税、地方税、中央地方共享税。凡属中央政府征收管理并支配其收入的税种称为中央税；凡属地方政府征收管理并支配其收入的税种称为地方税；凡属中央政府和地方政府共同享有，按照一定比例分成的税种称为中央地方共享税。这种分类的目的在于适应国家财政管理体制的要求，确保中央财政和地方财政都有固定的收入来源，使财权与事权相结合，调动中央与地方两个积极性，使其更好地完成各自承担的政治经济任务。

（6）按课税对象性质，可以将税收划分为流转课税、所得课税、财产课税、资源课税和行为课税。

①流转课税又称商品课税，即以商品和劳务为课税对象的税收。流转课税以商品交换为前提，伴随着商品销售的实现进行课征。其计税依据是商品销售收入额、劳务收入额或服务性业务收入额，一般采用比例税率。流转课税具有税收负担的间接性、税收分配的累退性、税收征收的隐蔽性、税收管理的便利性、税收收入的稳定性等特点，是保证国家财政收入的主要税类。全面实现"营改增"后，我国流转课税包括增值税、消费税、关税等。

②所得课税即以纳税人的净收入为课税对象的税收。净收入是指收入总额扣除成本、费用及损失后的余额，即所得额。所得课税是在分配领域内进行的，税收收入的数量直接取决于纳税人的所得水平。如采用累进税率，则对调节纳税人之间的收入差距具有特殊功效。所得课税具有税收负担的直接性、税收分配的累进性、税收征收的公开性、税收管理的复杂性、税收收入的弹性等特点。目前，我国所得课税包括企业所得税、个人所得税。

③财产课税即以纳税人所拥有或支配的财产为课税对象的税收。财产包括不动产和动产，这两类均可列入征税范围。对财产课税有利于充分利用生产资源，限制消费，同时对缓解财富分配不均的矛盾有一定的积极意义。财产课税具有税源的广泛性、征收的区域性、管理的复杂性等特点。目前我国财产课税有房产税、车船税、契税等。

④资源课税即以开发和利用的自然资源为课税对象的税收。对资源课税有利于调节纳税人因自然资源差异而形成的级差收入，促进自然资源的合理开发和利用。资源课税具有征收范围的局限性、税率设计的差别性、计征方法的从量性等特点。目前我国资源课税包括资源税、土地增值税、城镇土地使用税、耕地占用税等。

⑤行为课税即以纳税人的某些特定行为为课税对象，为实现特定政策目标而征的税收。特定行为是指商品流转、所得获取、财产占有、资源开发等行为之外的其他应税行为。对特定行为课税，有利于根据国家的有关政策灵活地运用税收杠杆，有效地调节社会经济生活。目前我国行为课税包括印花税、城市维护建设税、车辆购置税等。

除以上五种分类方法外，税收还可以按课税权行使的期限为标准，分为经常税和临时税；以税款的征收方法为标准，分为定率税和配赋税；以课税目的和税款用途为标准，分为一般税和目的税；以税收主客体为标准，分为对人税和对物税；以税种在税收体系中的地位与作用为标准，分为主体税和辅助税；等等。

（三）税收的职能

税收职能是指由税收本质所决定的，内在于税收分配过程中的职责与功能。税收职责是指税收在社会再生产中所承担的根本任务，表明税收应该做什么的问题；税收功能是指税收完成其根本任务的能力，表明税收能够做什么的问题。两者的结合构成了税收的职能。对税收职能可以从两个方面考察：一是税收作为政府提供公共产品，满足社会公共需要的价值补偿所具有的功能；二是税收作为政府履行职责的政策工具所具有的功能。税收职能具体可分为筹集资金职能、资源配置职能、收入分配职能和宏观调控职能。

1.税收的筹集资金职能

税收的筹集资金职能，是税收所具有的从社会成员处强制性地取得一部分收入，用以满足国家为履行公共事务职能、提供公共产品所需物质的功能。

（1）税收筹资的特点。在现代经济社会，国家筹集财政资金的手段除税收外，还有公债、利润上缴、专项基金、规费等多种形式。但和财政收入的其他形式相比，只有税收能够为政府提供持续、足额、稳定的财政资金。现代国家越来越依赖以税收方式筹集收入，税收占财政收入的比重越来越大，是与税收收入的特点密不可分的。与其他财政收入形式相比，税收筹集收入有以下特点。

①来源的广泛性。从社会再生产各环节看，国家既可以在生产领域征税，又可以在流通领域、分配领域、消费领域征税。从产业构成看，国家既可以对农业、工业等第一、第二产业部门征税，也可以对商业、服务业等第三产业部门征税，所有产业部门均可划定在国家的征税范围之内。从课税对象看，国家既可以选择对商品劳务征税，也可以选择对所得额征税，还可以选择对各种资源、财产、行为征税。由此可见，税收深入社会经济生活的各个角落，保证了财政收入拥有广泛普遍的来源，这是其他任何一种财政收入形式所不及的。

②形成的稳定性。首先，由于税收来源广泛，不确定因素对税收影响较小；其次，税收是凭借国家的政治权力依法征收的，因而不受财产权利的限制。任何人只要发生了应税收入、应税所得、应税财产、应税行为，就必须依法纳税，税款归国家所有，不再直接返还给纳税人，这就使税收收入建立在稳定、可靠的基础之上。

③获得的连续性。税收由不同的经济组织和个人直接缴纳，但最终来源于国民收入。只要社会再生产连续不断地进行，国民经济正常运行，国民收入被源源不断地创造出来，政府就能持续地获得税收收入。

（2）税收筹资的规模。自1949年中华人民共和国成立以来，特别是实行社会主义市场经济改革以来，税收总量逐年增加，税收在筹集财政收入方面发挥着重要的作用。为了更好地发展我国社会主义事业，满足国家行使公共事务职能的物质需要，今后还必须筹集更多的税收收入。但是，政府的税收收入规模究竟有多大，并不是由政府主观意愿决定的，而是由政府为社会提供公共产品的需求和政府取得收入的可能两方面因素共同决定的。

①税收收入规模取决于政府为社会提供公共产品的财力需求。公共产品又分为纯公共产品和准公共产品两类。纯公共产品是同时具备非竞争性和非排他性的产品和服务，比如国防、司法、行政管理等。纯公共产品一般情况下无法由市场提供，而只能由政府提供，因此满足纯公共产品的社会需求是政府税收收入规模的最低需求。准公共产品是不完全具备非竞争性和非排他性，或只具备两个特征之一的产品和服务，比如医疗、教育、交通等。准公共产品可以由市场提供，也可以由政府提供，选择哪一种提供方式主要取决于效率、公平等多种因素。如果准公共产品由政府提供比市场提供效率更高，或更有利于公平，那么税收收入规模就要考虑政府提供准公共产品的需求。

②税收收入规模还取决于政府取得收入的可能。税收收入的增长是受一定条件制约的。从客观条件看，税收收入的多少是由经济发展水平决定的，经济发展的规模和增长速度，以及经济效益的水平决定了税收收入的规模和增长速度。从主观条件看，税收收入的增长还受到政府税收政策实施、税收制度建设状况及税务征收管理水平的制约。只有建立完善公平的税收制度、科学高效的征收管理体系，才能够保证税收收入的有效增长。

（3）税收筹资的实现。要顺利实现税收筹集财政收入的职能，除了要正确处理税收增长与经济发展的关系，通过发展生产和提高效益来促进税收收入增长之外，还应从以下方面着手。

①适应市场经济发展的需要，不断拓宽税收聚财的领域。在我国传统的计划经济体制下，由于国家集国有资产的所有权和管理权于一身，主要以利润上缴形式从国有企业取得财政收入，再加上所有制结构的单一化，因此国家与企业的分配关系并不主要依靠税收来调节，税收聚财的范围较窄，聚财的功能有限。随着我国社会主义市场经济体制的建立与发展，客观上要求税收适应国民收入分配格局的变化，适应生产要素全面进入市场的状况，不断扩大税收对经济生活的覆盖面，拓宽税收聚财的领域：一是随着政府职能的转变和国有企业经营机制的转换，政府与国有企业的关系要由"父子关系"、行政隶属关系变为经济关系、

税收关系，税收要成为处理国家与国有企业分配关系的最主要手段；二是随着集体企业、三资企业、私营企业等多种经济成分的不断发展，国家要改变过去只注重从国有企业单一渠道取得收入的做法，转而注重从多种经济成分中依法取得收入；三是随着第三产业的迅猛发展，资金、财产、土地、劳务、技术、信息等生产要素逐步进入市场，也拓宽了税收的聚财领域。

②加强税收立法，完善和健全税收制度。健全完善的税收法规和税收制度是发挥税收聚财功能的基本保证。如果税法不统一、税制不完善，就会造成企业之间税收负担的不合理、市场竞争的不公平，从而限制税收组织收入作用的发挥。同时，税收法制不健全，也影响了税法执行的刚性和严肃性，税收在组织收入的过程中极易受到方方面面的干扰。因此，要逐步加强我国的税收立法，完善税收制度，确保税收聚财功能的实现。

③加强税收征管，为充分发挥税收的聚财功能提供管理保证。要发挥税收组织收入的作用，还必须加强税收征管工作，逐步建立起科学严密的税收征管体系，堵塞税款的跑、冒、滴、漏，切实做到以法治税，应收尽收。

2.税收的资源配置职能

税收的资源配置职能是税收所具有的，通过一定的税收政策、制度，影响个人、企业经济活动，从而使社会经济资源得以重新组合、安排的功能。

在社会主义市场经济条件下，社会资源配置主要是通过市场而不是通过政府来实现的。但是市场的资源配置作用也不是万能的，它存在着自身无法弥补的缺陷。首先，市场主体利益的局限性，使市场调节具有一定的盲目性。市场机制是通过商品生产者本身利益驱动的，它的出发点是微观利益，而不是社会利益。因此，对社会宏观需求，对不具有排他性和竞争性的公共产品，市场调节是失效的，不可能通过市场竞争来提供满足社会公共需求的产品和劳务，如任何社会所必需的行政管理、国防和电力、供水、交通设施等。其次，市场信号对生产调节具有局限性和滞后性。商品的暂时脱销和积压、投机者的抛售行为和抢购都会给市场发出不准确、不全面甚至是错误的信息。市场调节是根据市场的价格信号去支配生产经营者行为，而市场价格是根据业已形成的供求关系产生的。对正在形成和变化的供求关系，市场价格是无法反映的，从而会引起市场调节的滞后性。这就要求有一种兼顾微观主体利益和社会需要的配置手段，这种手段能够在满足企业对资源配置基本要求的基础上实现资源配置的最大社会效益，税收就是这样一种手段。税收作为政府调节经济的杠杆，可以在资源有限和多种资源需求的矛盾中寻求一种社会产出最大或社会效益最大的资源投入方向和资源配置结构。

税收对资源配置的功能主要体现在以下方面。

（1）调节和影响经济结构。经济结构是指国民经济各个部门、各个地区、各种经济成分、各经济组织，以及社会再生产各方面的构成及其相互联系、相互制约的关系。经济结构的内涵十分丰富，表现形式亦多样化，包括产业结构、地区结构、所有制结构等多方面内容。税收影响经济结构，是指国家通过合理设置税种，制定科学的差别税率和针对性强的税收政策等，形成税收上的利益差别机制，引导资源的有效配置和经济结构的优化组合。

①调节产品结构或产业结构。不同产品或产业的发展，在很大程度上取决于该产品或产业的盈利水平，而税收对产品或产业的盈利水平具有重要的影响。在价格不变的情况下，增加税收会减少利润，从而限制某种产品或产业的发展；减少税收会增加利润，从而鼓励某种产品或产业的发展。对不同产品、不同行业制定不同的税收政策和差别税率，可以引导产业和产品结构优化。例如，农业、能源、交通、原材料基础工业是我国产业政策扶植的重点，因此在征税上应实行轻税政策，促进这些产业部门的发展。

②调节生产力地域结构。生产力在不同地区的配置，不仅受自然资源、交通运输、技术基础、经济协作等客观因素的制约，而且还受税收政策的影响。如果各地区税收政策没有差别，生产力就会涌向客观条件较好的地区，出现各地区经济发展不平衡的现象。如果在税收政策上根据各地区不同情况区别对待，对客观条件较差、经济发展落后的地区给予一定的优惠待遇，就会促进这些地区的经济发展，使生产力地域结构更趋合理。例如，在西部大开发中，对西部投资给予更多的税收优惠，既有利于这些地区的经济发展，又有利于各地区的经济平衡。

③调节企业组织结构。不同的企业组织结构会对资源的利用和经济效益产生不同的影响，通过税收政策和制度的安排，企业可以实现经济效益的最大化。例如，对企业商品销售实行多环节按增值额征收的商品课税，由于避免了重复课税，对企业的组织结构选择的影响是中性的，有利于促进专业化协作企业的发展。又如，对企业集团实行相对灵活的所得税申报政策，可以提高企业集团的税后收益，有利于企业的集团化规模化发展。

（2）纠正外部经济。在市场经济条件下，由于存在外部经济的影响，企业的会计成本和收益不能真实反映企业的实际成本和收益，导致价格失真，使企业决策有可能偏离有效资源配置状态。税收的制度安排和政策引导，可以改变企业的成本和收益，进而通过改变的价格来调整资源的配置状态。外部经济包括外部成本和外部收益两个方面，税收的调节也从这两方面着手。

①纠正外部成本。外部成本是指在企业生产成本中没有得到反映的成本，或者说是企业成本和社会成本的差额。例如，企业生产中所造成的环境污染就属于没有通过企业成本补偿，却给社会带来损害的外部成本。如果对产生外部成本的产品征税，以税收替代外部成本，就会使低于社会成本的企业成本抬高，使企业按社会成本来决定价格和产出，进而有利于改善资源配置状况。

②纠正外部收益。外部收益指在企业收益中没有得到反映的收益，或者说是企业收益和社会收益之间的差额。例如，企业利用"三废"（废水、废气、废渣）作为原材料生产产品所创造的社会效益，就属于没有计入企业收益却给社会带来福利的外部收益。如果对产生外部收益的产品给予减免税或补贴，以减免税或补贴来反映外部收益，就会使低于社会收益的企业内部收益得以提高，使企业按社会收益来决定价格和产出，进而有利于改善资源配置状况。

（3）有效利用资源。资源的有限性与资源的需求是发展经济的一对矛盾。解决这个矛盾除了依靠市场机制的基础性调节外，还可通过税收政策引导资源的有效配置。例如，当某种资源紧缺应限制消费时，就提高对该资源利用的税收；当某种资源充裕应鼓励消费时，就降低对该资源利用的税收。

另外，企业在自然资源占有情况上的不同，会形成企业之间的级差收益。如果任其差异存在，必然造成企业之间的不平等竞争，造成"采易弃难""采富弃贫"的资源浪费现象。因此，按自然资源级差收益征税，一方面可形成国有资源的有偿使用机制，增加政府财政收入；另一方面也能促使企业合理利用和有效配置资源。

3.税收的收入分配职能

税收的收入分配职能是税收所具有的，通过一定的税收政策、制度，影响社会成员收入分配格局的功能。

分配指的是社会产品的分配，它决定社会成员占有生产成果的比例。我国在社会主义市场经济条件下的现行分配机制为按劳分配为主体，多种分配方式并存。但各人能力有别，各人拥有要素质量、数量及机会存在差异，终使个人收入分配结果发生较大差异，从而同按社会伦理角度所确立的公平分配的要求发生矛盾和冲突，可能导致社会的不稳定。因此，要求政府来纠正市场分配缺陷，实现公平分配的目标。

税收对个人收入分配的影响可以通过不同的税种体现出来。

（1）所得税对个人收入分配的影响。对个人收入征收个人所得税，在采用累进税率的情况下，征收额随着个人收入的增加而递增，对低收入者按比较低的税率征税或不征税，对高收入者按比较高的税率征税，可以有效缩小高收入者和低收入者之间的收入差距。另外，对不同性质和来源的个人收入，采取区别对待的税收政策，对劳动所得采用低税率，对资本所得采用高税率，既可调节个人收入结构，也能有效缩小收入差距，实现社会公平。

（2）商品税对个人收入分配的影响。在商品税由消费者负担的情况下，征收选择性的商品税或实行高低不等的差别税率，既可降低个人的购买能力，也可调整个人的消费结构。例如，我国实行的消费税，主要选择对非生活必需品和奢侈品征税，并采用差别税率，征税品目更多地针对高收入者的消费需求。这样，高收入者在满足自身需求的同时，也相应接受了税收调节，缩小了与低收入者之间的收入差距。

（3）财产税对个人收入分配的影响。在财产占有不均衡、贫富悬殊差距较大的情况下，通过开征遗产税、赠予税等可以调节个人财产的占有状况以及财产所有人的收入，有效缩小贫富差距。

4.税收的宏观调控职能

税收的宏观调控职能是税收所具有的，通过一定的税收政策、制度，影响社会经济运行，促进社会经济稳定和发展的功能。在市场经济条件下，税收宏观调控职能主要体现在调控经济总量和调节供给结构两个方面。

（1）调控经济总量。总供给与总需求的矛盾是社会经济运行中的主要矛盾，供求失衡往往会造成经济过分扩张、物价上涨、经济衰退、大量失业等问题，影响整个社会经济的协调稳定发展。因此，各国政府都非常重视运用经济、法律、行政等手段对经济总量施以调控。其中，税收调节是政府运用最多、最得力的手段之一。

税收对经济总量的调控主要通过提高或降低税率，扩大或缩小税基等来减少或增加人们的货币购买或支付能力，达到抑制需求或刺激需求的目的，求得社会总供给和总需求在总量上的平衡。其基本做法是，当有效需求不足使总需求小于总供给而导致经济萎缩时，政府要选择扩张性税收政策，降低税率，减少税收，增加企业和个人可支配收入，增加投资和消费，通过扩大社会总需求，促进经济的复苏和增长。相反，当需求过旺使总需求大于总供给而导致物价上涨、通货膨胀时，政府要选择紧缩性税收政策，提高税率，增加税收，减少企业和个人可支配收入，减少投资和消费支出，通过抑制社会总需求来减轻通货膨胀的压力。税收的上述调节作用，在以所得税为主体税种并采取累进税率的发达国家表现得尤为突出。

（2）调节供给结构。总供给与总需求失衡的原因，可能是总需求的过度膨胀或过度萎缩，也可能是总供给的不足或过剩。而总供给问题引起的经济失衡，又往往是由供给结构不合理造成的。例如，当国民经济中的某些关键部门，如能源、交通等部门发展滞后，满足不了其他部门的需求时，就会拖累整个经济的发展。而当某些经济部门生产过剩时，又会造成资源浪费，产业萎缩。税收对供给结构的调节，一方面通过低税或减免税政策，支持和促进国民经济"瓶颈"部门的发展，支持和促进短线产品的生产；另一方面通过高税率政策，限制长线产品的生产，促进产业结构的合理优化。

二、税收优先权的认知

（一）税收优先权的内涵

"破产程序中的税收优先权是企业破产法与税法冲突中的一个核心问题。"[1]破产债权主要由税收债权、职工债权、普通债权等几部分组成。税收优先权不是一项独立的权利，而是对税收债权的加强。因税收债权与普通债权相比，税收债权事关国家公共利益，我国为保障社会公共利益的实现，在破产法中明确规定，税收优先权在破产债权清偿时仅次于职工债权，优先于其他民事普通债权。税收优先权也就是在破产程序中当个人利益与国家利益或公众利益发生冲

---

[1] 张松，王怡. 企业破产程序中的若干税收法律问题[J]. 税务与经济，2019（04）：89-93.

突时关于如何做出抉择产生的一种新权利。除法律另有规定外，税务机关征收破产企业所欠税款，税收债权优先于普通民事债权清偿。

（二）税收优先权的基本类型

税收优先权可根据不同划分标准划分成不同类型的税收优先权。根据权利标的物的范围进行划分，可分为一般税收优先权和特殊税收优先权。

1.一般税收优先权分析

一般税收优先债权是指按照相关法律规定，根据破产企业所欠税款对破产企业的所有财产享有一种优先受偿的权利。一般税收优先权是指在破产企业对外负有各种性质不同的债务时，而破产企业现有的所有资产又不能够清偿全部债务时，税收债权可以享有优先受偿的权利。世界各国的法律均有该种优先权的规定。根据我国《企业破产法》规定，在对共益债务及破产费用、职工债权清偿后，优先清偿税收债权。可见，税收债权的清偿顺位在无担保债权之前，具有一定的优先性。因此，我国破产法规定的税收债权就是指一般税收优先权。

2.特殊税收优先权分析

特殊税收优先权是指根据相关法律规定对某种特定财产享有优先受偿的权利。该种税收债权是基于特定财产产生的债权。比如，在破产企业进入破产程序之后，破产管理人在处置破产企业的某项资产时产生的税收，该税收可基于该资产的处置款优先清偿。根据企业进入破产程序的时间进行划分，可分为原生税收债权和新生税收债权。原生税收债权是指破产企业进入破产程序前已经成立的税收债权，如破产企业在正常经营状态下欠缴的增值税、土地税及教育税等。新生税收债权是指破产企业进入破产程序后产生的税收债权，如破产管理人在处置破产企业资产时产生的各种税。

（三）税收优先权的行使范畴

1.税收优先权的主体

税收优先权的主体是指破产企业所在辖区的主管税务机关，根据税法的规定，税务稽查机关也能申报税收债权，税务稽查机关在法律的授权下具有税收优先权的申报主体资格，因此税务稽查机关也是税收债权申报的主体，即税收优先权的申报主体。

（1）主管税务部门。主管税务机关就是指公司完成税务登记后，税务系统会根据注册地址及行业等相关信息，指定某个特定的税务机关为公司的主管税务机关。在实践中，当企业进入破产程序后，因主管税务机关更加了解企业的纳税情况，一般由主管税务机关负责破产企业的税收债权申报。大部分企业的主管税务机关是企业所在的县或区税务机关，但不排除有些规模比较大的企业直接由市级、省级税务机关甚至国家税务总局管辖。

（2）税务稽查部门。税务征收重要申报部门也包含税务稽查部门。税务稽查部门是代表国家监督纳税人的纳税情况，发现情况立即解决的机构。如果税务稽查部门在对纳税企业的纳税行为进行监督时，该企业进入破产程序，税务稽查部门经查询其纳税情况发现其有税款未予缴纳，在这种情况下，税务稽查部门可以向破产管理人处申报税收优先权。

（3）海关。根据我国税法规定，关税、进出口税等税种系由海关负责征收。在实践中，许多破产企业涉及国外业务，在正常经营活动中时常需要进出口货物，进而产生许多关税。若当具有涉外业务的企业进入破产程序，且该企业欠缴关税，则海关应当向破产管理人处申报债权。

2.税收优先权的行使时间

一般税收债权的权利主体归属于税务机关，在破产程序中税务机关需要向破产管理人处申报税收债权。而在现实中，一般是人民法院裁定受理破产企业进入破产程序，由受理人民法院在《人民法院报》或全国破产企业重整信息网公告破产企业进入程序的通知，一般情况下税务机关很少能够得知企业进入破产程序的消息，人民法院也不会主动通知主管税务机关，因此税务机关很容易错过申报债权的机会。

我国《企业破产法》规定，人民法院应当在裁定破产企业进入破产程序后通知债权人。尽管有规定，但对税务机关申报税收债权的情况并没有具体说明。在业务实践中，管理人在接受人民法院的指定后，会及时查清主管税务机关，不论破产企业是否欠税都会向其邮寄送达相关破产文书，告知主管税务机关某企业已经进入破产程序以及应在某个时间之前申报债权。主管税务机关在得知该消息后，应查阅破产企业的纳税信息，根据破产企业是否欠税来决定是否申报税收债权。如今因破产案件数量日益增多，各地对税收债权的问题均有了更详细的规定。例如，商丘市中级人民法院与国家税务总局商丘市税务局联合发布的商中法联〔2020〕19号文件中第三项规定，管理人应当自裁定受理破产申请之日起二十五日内，书面通知已知的主管税务机关申报税收债权。管理人无法确定主管税务机关的，可以书面通知设区市级税务机关，由设区市级税务机关协助通知主管税务机关。主管税务机关应当在人民法院确定的债权申报期内向破产管理人处申报企业所欠税款（含教育费附加、地方教育附加）、滞纳金及罚款。税务机关的税收债权行使时间与普通债权一样，均应在人民法院确定的债权申报期内向破产管理人处申报税收优先权，未及时申报的，可以在破产财产最后分配前补充申报。

3.税收优先权的主要范围

税收债权是指在破产企业进入破产程序前破产企业所欠的税款，税收债权主要包括债务人应缴纳的税款本金、因债务人迟延缴纳税款本金而依法应缴纳的滞纳金、因债务人存在违法行为时税务机关依法做出的罚款和罚息四个部分组成。对在不同时间产生的税款本金、税收滞纳金、税收罚款及罚息是否都优先受偿并没有明确规定。

一种观点是，税款本金应当具有绝对优先性，而因欠缴税款本金产生的税收滞纳金和罚款也应和税收本金一样享有优先权。税收滞纳金和税收罚款从法律性质上来看是对债务人迟延缴纳税款的惩罚性措施，若对债务人违法行为的处罚没有按照法律规定具体实施，一方面会使国家利益及公众利益遭受极大的损失；另一方面会导致一些企业会不管不顾地不按时缴纳税款，肆意实施违法行为，最终给国家及社会整体利益造成损失。

另一种观点是，税款本金应当绝对优先受偿，但因欠缴税收本金产生的滞纳金和税收罚款不能进行绝对优先受偿。若税收滞纳金和税收罚款与税款本金同时作为优先债权在破产企业分配时优先分配，事实上分配了债务人的可供清偿的财产，换句话说就是将对债务人的惩罚性措施转移到了其他债权人的身上。在上述情况下，既不能达到警示作用，也违反了破产法遵循的破产债权公平受偿原则。

第二节　破产程序中保留税收优先权的必要性

如今世界上许多国家都已经对税收优先权予以较大限制，包括英国、瑞典在内的许多国家甚至取消了税收优先权，由此可以看出，税收优先权在国际上呈现出一种逐步弱化的趋势。但对于我国现阶段经济社会发展而言，税收优先权不宜完全取消。

一、基于国家基础建设的需要

现阶段我国虽然已经成为世界第二大经济体，但国家建设仍存在不少需要完善之处，这都需要财政税收作为支持。税收作为财政收支的重要来源之一，维系着国家内政、国防外交、国民教育等各个事项的平稳运行，特别是对于我国东西部发展不平衡的现状来说，税收是支持西部地区发展建设的一个重要来源之一，因此赋予税收以优先性也是保障国家各项工作平稳运行的必然要求。

一个破产企业的欠税数额对于国家税收来说占比较少，但破产企业的数量近些年来呈现逐渐增多的趋势。企业破产必然涉及税收问题，如果在破产程序中废止税收优先权制度，国家财政税收将会流失，国家的基础建设将缺少财政支持，最终将导致国民的日常生活无法得到来自国家的保障。坚持在破产程序中保留税收优先权或多或少会使其他债权人的利益受到损失，但笔者认为，当公共利益和个人利益发生冲突时，应当以公共利益优先，没有公共利益的存在，个人利益也就失去了其存在的意义。在破产程序中保留税收优先权，以确保国家的财政收入足以支持国家的各项建设，实质上也是间接保障了个人利益。

二、有利于保护其他纳税人的合法权益

国家税收是公共利益的体现，税收请求权也因此具备了公益性。公共利益是个人利益的集合，最终也会转化为个人利益，公共利益和个人利益在本质上是高度一致的。但是相比较而言，个人利益并不是完全依附在公共利益上的，在某些情形中也可以从公共利益中独立出来，因此二者产生摩擦也是在所难免的。公共利益也并不应当是一个社会的终极目标。对于税收优先权而言，在破产程序中，税收债权作为公共利益被赋予了优先受偿的权利，而其他普通债权人的破产债权只能劣后于税收债权受偿，而这些普通破产债权人同时也具有纳税人的身份。此

时的税收优先权看似是侵害了其他纳税人的合法权益，忽视了个人利益，但实际上，二者之间是一种你中有我、我中有你的关系。当作为公益的税收，和代表私益的普通破产债权同时出现在破产程序中时，在法学领域上，为了能对个人利益进行较为全面的保护，此时应当确保公共利益的优先性。

税收债权虽然是一种债权，但是与合同之债有所不同，合同之债的产生是双方当事人的自愿行为，是合意的产物，而税收法律关系中，并不存在双方的合意。虽然国家作为财政税收的所有者和管理者对于债务清偿的承受能力要高于其他债权人，但是税收债权无法通过与破产人协商等方式来回避债务人破产带来的风险，此时如果不借助外部的干预，可能导致税收债权无法得到清偿。如果一味地强调纳税人的个人利益，剥夺法律赋予税收的优先性，短时间来看，可能的确会使纳税人获得更多的利益。但从风险转嫁的角度看，如果税收债权无法得到清偿，税务机关可能通过制定规范性文件来增加其他纳税人纳税的负担，增加纳税人纳税的压力，将本应由破产企业承担的部分转嫁给其他纳税人，这对其他纳税人来说毫无公平可言。有的学者认为，税收优先权制度的确立会导致税务机关怠于履行职责，致使企业产生更多的欠缴税款。但是，纳税义务是法定义务，税务机关不行使应尽的职责并不能成为纳税人不履行义务的免责事由。因此，在破产程序中保留税收优先权是十分有必要的。

三、有利于增强纳税人意识

在税收法律关系中，纳税人可获得的利益往往并不是一种对价的金钱或实物给付，而是间接性地获得该利益，因此纳税人缴纳税款的积极性并不高。尤其是对于企业来说，生产经营所涉及的交易金额较高时，由此产生的税款对于企业来说也会是一个不小的数目，此时企业可能会存在制造虚假的交易信息的行为，以达到少缴或者不缴纳税款的目的。在此种情形下，如果企业进入破产程序，而欠缴的税款不能够优先获得清偿的话，不仅会导致税款的流失，同时也会对市场交易安全产生不利的影响。近年来，纳税人的纳税意识虽然相较以往也有了显著的提高，但偷税漏税的现象仍无法在根本上消除，此时在破产程序中给予税收以优先性，使优先受偿作为财政税收在企业破产中的保护手段，以避免因企业偷税漏税造成的税款流失。而纳税人意识与纳税意识不同之处在于，它更强调纳税人作为纳税主体对税收法律关系的一种理性认知和主动履行，而不单单是纳税意识要求的及时缴纳税款，其更注重的是与税务机关产生一种相互配合的关系。通过保留破产中税收优先权，促使破产企业及时缴纳税款，以培养良好的纳税意识，进而使破产企业产生对缴税的认同感和责任感，以增强纳税企业的纳税人意识。

同时，给予税收特别保护的地位是我国立法实践中的一贯做法，如果一次性完全取消，可能会令人暂时无法接受。因此，就目前而言，我国保留税收优先权具有一定的必要性。但保留并不意味着税收的绝对优先地位，而是应当对税收优先权的适用进行明晰，以确保在保障国家税收的基础上，维护私人经济主体的合法权益。

对于破产程序中是否应当保留税收的优先性，存有争议。一部分学者认为企业都已经进入破产程序，但仍对税收保留优先性，是对普通债权人的侵害，极有可能导致普通债权人无法得到清偿，虽说税收属于公共利益的范畴，但过分强调公共利益反而会对个人利益造成侵害，甚至建议应当在破产程序中，将税收作为劣后债权处理，以保障私人经济主体之债权的受偿。而与此相反的是，另一部分学者认为，虽说税收不应与民争利，但作为税收作为公共利益，最终的"归宿"是纳税人自身，是纳税人暂时性地将利益让渡给了国家。正是因为对是否应当在破产程序中保留该制度尚未有定论，所以在实践中，往往会因此产生若干的冲突。

第三节 破产程序中税收优先权行使的现实基础

我国企业破产的相关制度经过多年的发展，已经趋近成熟，但是仍然无法避免相关制度存在不合理或是法律之间存在适用冲突的问题。分析我国破产程序中关于税收优先权的相关规范性文件，以此作为基础梳理我国司法实践中的相关做法，可能会清晰地显示出我国破产程序中税收优先权制度存在的问题。

一、破产程序中税收优先权的现状与实践

（一）税收优先权的立法现状

《中华人民共和国税收征收管理法》（以下简称《税收征管法》）一直延续至今，也就是本书所论述的税收优先权。但是该税收优先权的产生并非绝对优先，仅是在满足特定条件下优先，即以欠缴税款的发生作为时间节点，发生在后

的意定担保和法定担保在执行中要受到税收债权的限制，只有发生在前的才可以对抗税收优先权的执行。

我国在制定《企业破产法》时，其最主要的立法宗旨更多的是保护所有债权人的利益，以维护社会市场秩序。故此，《企业破产法》的制定者并不会更倾向于国家税收债权进行考量。而是仅在第一百一十三条中明确规定其必然优先于无担保的普通债权，该条规定也与《税收征管法》第四十五条的规定具有很强的关联性。也正是基于这种立法宗旨，也使得《企业破产法》和《税收征管法》之间出现了立法层面的冲突，即《企业破产法》第一百零九条与《税收征管法》第四十五条之间的矛盾。换言之，欠缴税款发生在前的，是否能够对抗发生在后的担保物权的问题。由此而引发破产程序中税收优先权范围不明、优先权产生的时点不合理等问题。

国家税务总局公告2019年第48号文件对破产程序中税收征管问题进行了明确。在该公告中，国家税务总局强调，滞纳金是作为普通债权进行破产申报的。该公告是对破产程序中税收优先权的限制或者是对税收优先权进行修正，但是也进一步确认和强调了税收本金债权、税收利息债权、税收滞纳金债权等相关税收债权在破产债权中的地位，这也是对司法权中心主义的尊重和坚持。

（二）税收优先权的司法实践

在司法实践中，破产涉税问题主要集中在以下方面：第一，税收滞纳金和税收罚款是否具有优先性；第二，税收债权和担保物权何者优先；第三，欠税公告前的税款是否具有优先性，即税收优先权产生的时间问题。通过对人民法院裁判文书的分析，可以发现，我国现阶段虽然在破产程序中保留了税收优先权制度，但呈现出逐渐限制其适用的趋势。这也与国际上的趋势是保持一致的。

二、破产程序中税收优先权存在的问题分析

（一）税收优先权的产生时点与公示制度亟待完善

1.税收优先权产生的时点存有争议

税收优先权产生的时点是指从何时开始税收享有优先权。很少有国家在立法

层面明确规定税收优先权产生的时间,按照我国《税收征管法》的规定,赋予税收债权以优先受偿权的时点为欠缴税款发生之时,选择这一时点作为对抗后续成立的担保物权是不合理的。在破产程序中,税收的发生时间对于税收债权和其他债权的清偿顺位是至关重要的。因此,在赋予税收债权以优先性的时候,需要谨慎确定该时点。

税收债权出现的时间应为应税交易完成之时,此时,若采用核定征收的方式,那么税收债权在交易完成之时是无法确定税收债权的应纳税款的,只有在课税核定之时,才能真正将企业的应纳税款的数额进行确定,纳税人对自己的纳税义务也会存在准确的认知。但是,此时欠缴税款的信息可能并未同步进行公示。若按照税收征管法的规定,将税收优先权确定为课税核定之时,那么会影响后续设立的担保物权人的利益,忽视了担保物权人的存在。由于税收征管法赋予税收债权以超越担保物权优先受偿的优势地位,在设立担保时,担保物权的权利人一定会去调查提供担保物的企业的欠税信息,以此避免就担保物拍卖、变卖的价款无法优先受偿的情况出现。此时,若税务机关未将欠税信息进行公示,准备接受担保物权的权利人就无法避免风险,即接受担保物的企业尽到了合理注意的义务,只是因无法取得提供担保物的企业的欠税情况的公示信息,就使其在实现担保物权时,因提供担保物的企业存在大量欠缴税款,接受担保物的企业就极有可能无法按照原预期的金额收回本金。

虽然税务机关对应税行为产生的应纳税款进行了数额的确定,纳税义务人也明知其欠缴的税款,但是由于担保物权一旦设立,提供担保物的企业便存在权利负担,而且,为了尽可能地不增加担保物,以最少的担保取得最多的借款,使接受担保物的一方欣然接受其提供的担保,提供担保物的一方就不会主动提供其欠税情况,即使提供欠税情况也不一定是真实可信的。此时让接受担保的一方花费资源去查询企业的欠税情况,是极为不经济的,也不利于提高市场交易的效率。因此,以课税核定时作为税收优先权产生的时间点,对担保物权人来说是极大的风险。在破产程序中,本就存在担保债权和税收何者优先的争论,简单地将限期缴纳税款通知书作为认定税收是否具有优先性也无法彻底解决这一争论。

2.破产企业的税收公示制度规定较为粗糙

税收优先权制度存在于破产程序中确实有利于维护国家税收,但对于其他债权人来说，却成为一个不小的威胁。虽然《税收征管法》规定纳税义务人应当保持诚实信用，披露相关的涉税信息，但该规定并非强制性规定，也难免会存在纳税人告知虚假欠税信息的情况。因此，欠税公示制度应当成为将税收优先权公之于众的手段。但目前我国尚未有法律或法规将公示制度和税收优先权联系起来，抵押权人或质押权人无从知晓税收优先权何时产生，交易安全也就无从保障。

与此同时，我国《税收征管法》规定了税务机关公示欠税情况的义务。但仅起到了宣誓性的作用，尚未有规定对其进行细化，税务机关多长时间不履行公示义务会构成行政不作为是值得商榷的，因此税收公示制度的实操性不强。为此，国家税务总局于2004年出台了《欠税公告办法（试行）》，并于2018年修订了方式、场所等，对于税务机关不履行欠税公告职责也规定了相应的法律责任。自该办法实施以来，欠税公告制度得到了较为有效的实施，但仍存在些许问题，其中首要问题就是欠税公告的时间较长。该办法第四条规定的公告时间在目前较为活跃的市场交易中略显滞后，即使是2018年的修订也未对公告时长进行修改。随着我国市场经济的发展，应税交易行为随时发生，欠税事实也可能随时发生，这种情形下，如果仍按照十几年之前的公示频率，会使担保交易产生极大的风险。债权人在交易时掌握的企业欠税情况仅是在某一时间点的欠税情况，并不代表企业的所有欠税情况都已经查清。尤其是对于破产企业的债权人来说，如果对该企业的欠税信息仍是每季度才公告一次的话，会导致债权人在与该企业进行交易时，无法对自己将要面临的交易风险有一个较为准确的预估，而且也无法期待作为债务人的企业能够主动公开自己的具体且真实的欠税情况，因此对于破产企业的欠税公告不宜以季度为单位。与此同时，办法中虽然规定了税务机关不履行公告职责的责任，但仅仅是责令其改正，或者是参照《中华人民共和国公务员法》对直接责任人进行处罚，由此可见，对税务机关未按照规定履行职责的处罚力度较轻，可能无法真正起到惩罚和警示的作用。

（二）税收优先权与担保物权的优先性存在冲突

从目的论的角度来看，正是基于不同的立法目的和价值取向，才使得法律与法律之间出现了必须要调和的矛盾点。在破产程序中，如何使参与破产程序的各方感受到自己被公允的对待是《企业破产法》在实施过程中必须要注意的地方。而《税收征管法》则是注重保障国家的财政税收，确保纳税人的权利不被侵害。

因此当企业进入破产程序后，税收与担保就发生了优先效力上的冲突。这种矛盾不仅对担保物权人造成了影响，也对破产程序的进行和其他债权人产生了影响。

关于税收和担保物权在破产程序中的受偿顺序，实务中存在不同的观点。例如，在绍兴金宝利纺织有限责任公司破产债权确认纠纷一案中，上诉人认为担保物权应当优先于税收受偿，因为这样不仅不影响社会经济发展，而且存在救活企业的可能性。反之，让作为第三人的税务机关优先获得清偿的话，可能会导致抵押权人的资金链断裂，甚至破产。原审第三人绍兴市柯桥区税务局则认为，破产程序开始后，依据《企业破产法》的规定，担保物权属于别除权，对于职工工资和税收来说，上诉人作为担保物权人可以先于二者清偿债务，但此规定仅是针对排除法律特殊规定的普通担保物权和普通税收债权。而根据《中华人民共和国物权法》的规定，上诉人享有的担保物权受到《税收征管法》第四十五条的例外性限制，因此税务机关享有的税收债权应当优先于担保物权受偿。从解释论的角度来看，之所以会产生这种矛盾，是因为两部法律中关于税收优先权的规定并不完全一致。当将《企业破产法》作为法律依据时去调和担保物权和税收的优先性冲突时，可以将破产清偿顺序总结如下：有财产担保的破产债权→破产费用→所欠职工工资和劳动保险费用→税收债权→普通债权。

但如果按照《税收征管法》去解决二者之间的优先性问题的话，此时的清偿顺序发生了变化：税收债权→有财产担保的破产债权→破产费用→所欠职工工资和劳动保险费用→普通债权。

由此可见，当适用《企业破产法》时，私人经济主体的破产债权可以得到有效保障，但此时代表公共利益的税收债权极有可能无法得到清偿，从而导致国家税收的减少；而当适用《税收征管法》时，税收债权作为优先债权可以获得清偿，但此时私人经济主体的破产债权得不到保障，并且职工工资和劳动保险费用的顺位较为靠后，有很大可能得不到清偿。

破产涉税问题，尤其是破产程序中税收和担保物权的清偿顺序问题，不仅存在于企业破产中，同样也存在于个人破产中，如何妥善解决税收和担保的优先性问题对于个人破产的立法工作来说也是一个值得注意的问题。在企业破产的过程中，究竟是适用《税收征管法》，还是完全适用《企业破产法》，不加区分地使担保物权优先于税收受偿，是一个值得思考的问题。

（三）税收优先权范围不明

目前，在实践中存在税务机关主张税收滞纳金、税收罚款、教育费附加等行政事业收费具有优先权的情况。在肯定破产程序中的税收债权属于破产债权的基础上，对于税收债权的申报范围，《企业破产法》并没有做出明确的规定。《企业破产法》的价值之一在于平等地保护债权人的利益，为了达到这一目的，对于税收优先权的范围要做出严格的限定，以尽可能地减少税收优先权对其他破产债权人的权益造成的损害。

1."新生税款"是否具有优先性缺乏规定

虽然企业因资不抵债等若干原因进入破产程序，但在注销之前仍具有法人资格，仍会因各种各样的原因产生一些税收债权，此时出现的税收债权也被称为"新生税款"。破产程序中产生新生税款主要基于以下原因：首先，企业进入破产程序后，因偿还债务而拍卖财产所产生的税收之债；其次，企业在正常经营时与他人达成合意签订了合同，但当该企业破产时合同并没有履行完毕，而破产管理人认为具有继续履行合同的必要性，在双方继续履行该合同的过程中产生的税收之债；最后，进入破产程序的企业经过重整后仍无法恢复经营能力，当该破产企业进入清算程序后产生的税收之债。

我国现行法律并没有对破产程序中产生的新生税款规定明确具体的减免制度，也未明确此时产生的新生税款是否属于税收优先权的范围。破产程序中产生的税收债权主要分为两大类，第一类是企业正常经营时所产生的欠缴税款，此时税务机关属于破产债权人，对于该类欠缴税款应当按照《企业破产法》和《税收征管法》的规定进行处理，即在破产程序中可以优先于普通破产债权得到受偿；第二类是企业进入破产程序后产生的税收之债，此时税务机关为税收主管机关，但是在不论是在《税收征管法》还是在《企业破产法》中，都没有对新生税款的受偿顺序做出规定，也就无法确定在破产程序中产生的新生税款是否可以按照历史欠税一样，在破产程序中享有优先受偿的权利。由于我国现行法律缺乏对破产程序中的新生税款的统一规定，因而破产程序中新生税款的问题仅是散见于人民法院和税务机关的各种批复和回复中。在2019年颁布的《国家税务总局关于税收征管若干事项的公告》中，仅是规定在破产清算的过程中企业产生的新生税款应当依法缴纳，但对于新生税款是否属于税收优先权的范围并优先于普通破产债权清偿并没有进行规定。

2.税收优先权是否涵盖滞纳金存在争议

对于税收滞纳金债权是否也能够按照税收本金债权享受优先受偿顺位，税务机关的观点和人民法院的观点相左。根据国税函〔2008〕1084号文件的规定，国家税务总局认为税收滞纳金债权是可以享有优先受偿顺位的。但是在法释〔2012〕9号文件中，最高人民法院认为破产案件中税收优先权的范围仅限于税款本金。2019年国家税务总局公告第48号文件也明确将税收滞纳金债权作为普通债权。国税函〔2008〕1084号文件因为属于批复性文件，仅对国家税务总局广东省税务局有效，属于对于个案进行的批复。同样，法释〔2012〕9号文件也仅对青海省高级人民法院具有适用的效力。因此，2020年第48号文件的生效直接将税收滞纳金债权明确为普通债权。因此，在企业破产的司法实践中，凡是税务机关主张滞纳金具有优先性的，人民法院无一例外地不予支持。税务机关与人民法院观点相左主要是因为滞纳金的性质存在争议。

滞纳金的性质主要有行政处罚说、经济补偿说等不同意见，由此导致税收滞纳金是否应当纳入税收优先权的范围内也就存在了不同的认识。

根据现行法律和司法解释的规定，破产受理后的滞纳金不得作为债权进行申报，但是对于破产受理前的税收滞纳金，《企业破产法》并没有明确规定，有待法律法规的进一步明确。

3."所欠税款"中是否需要区分罚款、行政事业性收费等概念

欠缴税款的本金可以作为破产债权进行申报是毋庸置疑的。但当纳税企业违反税收管理制度的事实发生时，税务机关由此做出的税收罚款是否属于破产企业的所欠税款，虽然学者多认为不属于所欠税款，不可进行申报，但在《企业破产法》及其司法解释中并没有对此做出明确规定。

行政事业性收费与税收有所区别，但在理论上，行政事业性收费也具有类似税收的特征，同时，二者也会存在相互转化的情形，如从2019年1月1日起，"环境税"取代了实行多年的"环保费"等。税费改革使一定数量的行政性收费进入税收领域，行政性收费与税收实际上在征收对象、缴纳标准、资金用途等方面是大同小异的。因此,有学者主张将"所欠税款"仅理解为税务机关征收的"税"过于狭隘。如果将"费"纳入"税"的范畴,则"费"可以作为破产债权进行申报,也会因此具备受偿的优先性,但此种做法,不仅加重了破产企业的负担,也不利于其他债权人债权的实现。现阶段对于行政事业性收费能否纳入优先申报的范围在法律层面没有进行规制。

4.税收优先权能否涵盖企业骗取的出口退税款存在分歧

从事出口贸易的企业以非法占有为目的,采取虚构发票或其他单据等其他非法手段骗取退税款,当满足刑事犯罪主、客观方面的构成要件后,就会受到刑事追责。但当骗取出口退税的企业进入破产程序时,该企业骗取的退税款的性质是企业欠缴的税款还是刑事犯罪的赃款,当企业进入破产程序后该退税款能否获得优先受偿,近两年来引起了学界的广泛讨论。

2014年出现了全国第一起破产程序涉及出口退税款的司法案件,浙江某公司因涉嫌骗取出口退税罪被立案侦查,人民法院认为犯罪已然成立。对于该企业所骗取的退税款,经税务机关催告后,该企业仍不缴纳。2016年,该企业进入破产程序后,税务机关依法申报税收债权,但管理人未将"退税款"确认为破产债权。于是,税务机关提起破产债权确认之诉,人民法院认为企业骗取的退税款不属于破产债权因此不适用《企业破产法》规定的税收优先权原则,据此驳回了税务机关的诉讼请求。税务机关不服该判决依法提起上诉。在上述案件中,破产管理人认为,首先,破产企业骗取的出口退税款涉及刑民交叉的问题,该退税款应当属于赃款,需要通过追赃程序进行追缴,而不能通过破产程序进行债权申报;其次,出口退税款本质上是国家对从事出口贸易的企业的补贴,是一种资金支持,而不是企业应缴纳的税款,因此不应当属于破产债权。企业以采取虚构单证的方式所取得款项是税务部门应追回的财产,税务机关主张破产企业骗取的出口退税款是破产受理前企业应缴而未缴的税款,这个解释是合理的。一审人民法院认为税务部门申报的退税款不属于"税",是具有赃款性质的款项,故此也就无法适用破产法所规定的税收优先权。由此看来,人民法院责令税务机关追缴的出口退税款的性质是其是否能够进行破产申报的关键。

第四节　破产程序中税收优先权行使的完善建议

"税收优先权实际上是税收'权力关系说'的产物，而在税法领域普遍接受'税收债权债务说'的当下，坚持税收优先权的普遍适用，缺乏足够的理论支撑。"[①]制度的变革是不可能一蹴而就的，在短时间内，税收优先权也无法一次性废止，因此相对于考虑如何废止税收优先权，如何完善破产程序中的税收优先权的适用规则显然更为重要。

一、优化破产程序中税收优先权产生时点与公示制度

（一）将税收优先权产生的时点确定为欠税公告之时

在破产程序中，对享有优先受偿权的税收债权而言，其债权产生的时点对于意欲与企业产生法律关系的经济主体十分重要，对于交易的安全性也有重要影响。由于税务机关对欠税企业的公示并非实时更新，且不论是以查账征收还是以核定征收的方式进行应纳税款的确认，其纳税义务的发生时点均应早于或等于税务机关对欠税的公示时间。因此，只有在欠税公告之时才具有公示效力，由此产生公信力。而如果以确定应纳税款之时作为优先权产生的时点，并不利于交易安全，因此以欠税公告之时作为税收优先权产生的时点更为合适。

当欠税公告、纳税义务的发生处于同一时点时，无须纳税人或税务机关的行为，自然会赋予税收债权以优先性，与纳税义务同时产生公信的效力。如此一来，除在先设立的担保物权外，该税款全程处于优先受偿的地位。当应税交易行为发生时，纳税义务也随之发生，不论是"查账征收"还是"核定征收"均需要经纳税人申报或税务机关查实，未经纳税人申报或者税务机关查实以确定具体的应纳税款的，即使纳税义务已经出现，但是履行纳税义务的时间可以延后至具体应纳税款确定之时，这段时间产生的是抽象的纳税义务。当税务机关对应纳税额进行核定后，抽象纳税义务就变成具体纳税义务。此时，可能有人会说，若经过公示的税收债权存在优先受偿的权利，那么对于担保物权的权利人来说是不公平的。

---

① 李俊英，黄轶琛. 税收优先权适用范围的法律规制研究[J]. 税务研究，2020（05）：83-89.

其实并不然，在破产程序中让税收优先权发生于欠税公告之时对于债权人的保护最为周到。在税务机关对企业所欠缴的税款进行公告之前，所欠税款并不享有优先权，此时的欠缴税款仅滞后于担保物权。采取这种做法并不会导致国家税收难以实现，因为在原则上，破产清偿时，担保物权必然优先于税收债权，而一旦税收债权进行了公示，其便产生了特殊性的后果，即税收债权具有优先性。此时，因为税收债权的公示效力，不论是担保物权人还是普通债权人，均可知悉其存在。对于普通债权人来讲，无论担保物权优先清偿还是税收优先清偿均不影响其所享有的权益，而担保物权人由于设立担保物权之初便已经知晓企业欠税信息，完全可以采取增加担保物的方式以保证自己的权利。

而在破产程序中，保障破产程序的顺利进行和破产企业债权人债权的实现，是破产法律制度的应有之意，为此，在破产程序中税收优先权的产生时间应当是在欠税公告时发生。采取税收优先权自欠税公告时发生的做法，不仅不会对国家的税收债权造成严重的影响，而且也是对破产债权人的保护。当税务机关对欠税进行公告之后，辅之以实时更新的欠税公示制度，使债权人或潜在的债权人充分了解到税收优先权的存在，不仅是对破产债权人的保护，也是对税收优先权本身的保护。与此同时，也是对交易秩序和交易安全的尊重和维护。

（二）完善破产企业的税收公示制度

在将税收优先权产生的时间确定为欠税公告时的前提下，为了更加准确地让公众知晓企业的欠税情况，从而让债权人对自己的交易风险进行合理预估，必须充分利用欠税公示制度。一旦对企业的欠税情况进行核定并向社会公示，可以视为第三人已经知悉该情况。对企业的欠税情况进行公示对维护交易安全，提高交易效率十分重要。因此，如果仅对企业欠税状况进行核定具体的欠税金额，而不配套相应的公示措施的话，在税收优先权往往滞后于税收债权的具体确定条件下，往往会造成税款的流失。因此税收公示制度作为将税收优先权公之于众的手段，必须进行完善。

欠税公告制度应当具备一定的对抗效力，即税务机关一旦对破产企业的欠税信息进行公告，视为第三人已经知晓税务机关针对破产企业享有税收优先权。如果税收公告起到的仅是一种查阅的作用的话，税务机关仍无法使第三人得知其对破产企业享有的税收优先权。《欠税公告办法（试行）》的主要目的并不是保障交易的安全，而是为了保障国家税收，敦促纳税人及时纳税，能够让公众查阅企业的欠税情况只不过是附带性的。赋予欠税公告以对抗性，也符合税收优先权自欠税公示时产生的要求。

对于企业而言，税收之债时时刻刻都有可能发生，因此不宜每季度对企业进行欠税公告。对于企业，尤其是欠税较多、存在较多不良资产的企业，可以适当缩短欠税信息的公告时间，例如，从每季度一公告变为每月一公告，或是从定期公告逐步转变为实时公告。实时对破产企业的欠税信息进行社会公告，可以方便交易对方当事人实时掌握企业的欠税情况，使当事人了解税务机关税收优先权的具体情况，从而选择是否与企业进行交易，提高了交易的安全性。

对欠税信息进行公告不仅是税务机关将其享有的税收优先权公之于众的手段，同时也是税务机关应当依法履行的职责。办法中仅是规定了主要负责人个人的责任，没有对税务机关的责任做出规定。可以从政治或者经济方面进行规制，如对于不积极履行欠税公告的税务机关，对其主要负责的税务机关进行内部的通报，以确保税务机关切实履行公告职责。

二、纾解破产程序中税收优先权与担保物权的效力冲突

（一）担保物权原则上优先税收债权

从法律适用的角度来看，在破产程序中，要想解决担保物权与税收债权之间何者更具有优先性的问题，最终是归根于破产涉税的问题到底是适用《税收征管法》还是《企业破产法》。值得注意的是，鉴于本书认为税收优先权的产生时点应当为欠税公告之时，因此该原则性的规定仅适用于税收债权未进行公示或滞后于担保物权设立的情况。

当法律之间出现适用冲突或无法判断适用哪部法律时，根据《中华人民共和国立法法》的规定，应当首先对比制定机关的层级以确定法律的适用，同一层级的，直接适用特别法律规定。因此，只需要区分在破产程序中税收优先权和担保物权的效力冲突这个问题上，谁是一般规定，谁是特别规定即可。《税收征管法》划定了税收征管的范围，即使在破产程序中，只要涉及税务机关的征收执法活动，就要适配《税收征管法》的规定。在《税收征管法》中未见对进入破产这一特殊程序的征收执法工作做出规定，故此，应当将其视为一般法。而《企业破

产法》中仅包含了破产程序中的税收征管工作的规定，因此有理由将其视为特殊性的规定。再者，特殊规定和一般规定相比，需要具备一个额外的条件。而《企业破产法》相较于《税收征管法》而言，前者仅是对企业进入破产程序后所适用的规范性文件，类比民事诉讼中管辖人民法院的规定，也印证了在税收优先权这个问题上，《企业破产法》属于特别法。

与此同时，根据民法的一般性原理，物权请求权优先于债权请求权，虽然存在"买卖不破租赁"、建设工程价款优先受偿权等民法所规定的债权优先于物权的情形，但是，在税收债权与担保物权之间，民法并未明确将税收债权纳入优先的范畴，故此，在破产程序中担保物权应当优先。之所以存在债权优于物权的规定，主要是为了更好地保护债权人的权益，以平衡各利益相关方的利益。税收债权的债权人为国家，税收债权的实现可以通过国家强制力进行保障。虽然在破产程序中，税收的强制手段会受到限制，但税务机关仍然可以通过其他方式对企业进行监管。在破产程序中，国家并不处于弱势地位，相反，《企业破产法》对于税收优先权的规定反而使税收债权相较于普通破产债权更具有优先性。因此，税收债权不具有优先于担保物权的条件，在破产程序中仍应当坚持物权优于债权的民商法基本原理。

（二）特殊情形下税收债权优先担保物权

在明确破产涉税问题原则上适用《企业破产法》的前提下，对于担保物权是否可以不加区分地完全优先于税收优先权，存在以下两种特殊情形。

（1）当税收优先权先于担保物权发生时，后设立的担保物权不宜优先于税收优先权。税收优先权产生于欠税公告之时，第三人得知税收优先权的方式就是欠税公告制度，因此，可以将对于破产企业的欠税公告视为是税务机关享有的税收优先权的一种公示手段，该公示也可以产生相应的公信力。一般情形下，当债权人选择与企业进行交易时，需要对该笔交易保持一种合理审慎的义务，以保证自身对该笔交易的"善意"地位。尤其在设立担保物权时，担保物权的权利人更加需要保持高度的审慎义务。此时，担保物权的权利人往往都会进行全面的尽职调查，其中查询该企业的欠税情况便是尽职调查中最重要的调查内容之一。由此可知，企业欠缴税款的情况一旦被税务机关公示，便应当产生具有对抗善意第三人的效力。与此同时，税收优先权虽然属于一般优先权，但通过对税收优先权性质的分析,虽然税收优先权在一般优先权的范围之内,但一旦被税务机关公示后,便具备了担保物权的性质。因此,通过担保物权的相关理论分析,公示在前的税收债权优先于设立在后的担保物权的清偿顺位是具有可行性的。根据民法典的规定,登记是担保物权进行公示的手段,担保物权一旦进行登记,即可对抗善意第三人。因此,在税收优先权和担保物权都具备对抗效力的情形下,欠税公告制度和登记制度都是确保债权可以在企业破产时优先得到受偿的方式,二者也都具有公示公信的效力。因此,公示在前的税收债权应当参照担保物权的受偿顺位,公示在前的税收债权应先于设立在后的担保物权受偿。

（2）当企业以其全部资产设立多个担保,且担保金额超出担保物价值时,也不应盲目地优先清偿担保物权。对于企业来说,只要新的担保物权人同意在担保物上设立担保,即使发生多个担保物权所担保的财产的总价超过担保物本身的价值,也是正常的市场交易。如果该企业进入破产程序前一年以前,企业恶意在企业的资产上设立担保物权,不仅税收优先权得不到保障,甚至连职工工资或欠缴的社保基金都有可能受到侵害。因此在这种情形下,破产涉税问题就不宜完全适用《企业破产法》的规定。虽说税收优先权应当受到限制,但应当在保证公共利益得以实现的前提下对税收优先权进行限制。在正常市场交易的情况下所设立的担保物权,企业进入破产程序后,人民法院会对抵押物进行拍卖、变卖用以清偿债权,在上述的情形下,超出抵押物价值的部分无法获得优先受偿,而此时该担保物已经灭失,根据物权所具有的从属性,超出部分其优先性也随之灭失。但是若存在"恶意"设立担保的情况下,让担保物权优先于税收优先权或普通债权就显得很不合理。该种情况下,可能导致债权人无法在破产程序中得到清偿。此种担保物权的设立并不符合诚信原则和公平原则的要求,是企业为了逃避债务所运用的手段。如果此时在破产程序中仍按照《企业破产法》的要求,让担保物权优先于税收优先权受偿的话,担保物权就极有可能沦为破产企业逃税的手段,这与担保物权设立的初衷是背道而驰的。因此,在"恶意"设立担保物权的情形下,税收优先权应当优先于担保物权获得清偿。

三、界分破产程序中税收优先权的范围

（一）破产程序中的"新生税款"应认定为破产费用或共益债务

在破产程序中享有优先于普通破产债权的税收之债本质上是破产债权的一

种，由税务机关作为破产债权人进行申报，但破产程序中产生的新生税款与破产之前企业的欠缴税款有所不同。企业虽然已经处于破产程序之中，但此时与其他经济主体进行的交易仍属于正常的生产经营，和破产申请受理之前产生的交易活动没有太大区别，因此对于此时交易所产生的税款也应当按照普通的税款进行缴纳，而不需要将此时产生的税款做相同处理，即税务机关对于破产受理后产生的新生税款无须向管理人进行申报。也正如上文所述，此时的税务机关的角色是税收征收的主管机关，而不是破产债权人。因此，新生税款也就不属于破产债权中的税收债权，在对破产债权清偿过程中，也就不享有优先受偿权。与此同时，作为破产债权的税收债权是基于企业的破产程序被受理之前的原因而产生的，也就是说，只有在人民法院裁定企业进入破产程序前企业享有的税收债权才属于破产债权的范畴，才可以依据《企业破产法》的规定行使税收优先权。而新生税款是人民法院裁定企业进入破产程序之后才产生的，因此不具备破产债权的性质，不属于破产程序中税收债权的范围，如果让新生税款也享有优先性的话，将会进一步地扩大税收优先权的适用范围，更加不利于其他破产债权人的权益。所以，对于新生税款来说，破产程序中不宜将其纳入税收优先权的范围内。

在税法没有规定税务机关可以免除破产企业的纳税义务的前提下，新生税款应当作为破产费用或共益债务更为合适。破产费用包括破产企业进行诉讼所产生的诉讼费用，以及对破产企业进行管理等所产生的费用。而共益债务主要是在破产程序开始后，基于对企业自身及破产债权人的共同利益的考虑，因继续履行未履行完毕的合同、为企业日后可以继续经营所负担的职工的劳动报酬等债务。共益债务相比破产费用而言，更加注重破产企业财产的增加。新生税款产生的原因是企业在破产程序开始后的进项的各项经营活动，也就是在对破产企业进行管理或增加破产企业财产的过程中产生的税款。因此新生税款符合破产费用和共益债务在破产程序中的定位，在破产程序中可以随时获得清偿。

（二）税收滞纳金中的行政执行罚部分应认定为是普通破产债权

税收滞纳金在破产清偿过程中是否与税的"本金"享有同等清偿顺序，首先要对税收滞纳金的性质有较为准确的认识。根据《税收征管法》的规定，欠缴税金的，以未足额缴纳部分为"本金"按每日万分之五计算滞纳金，该计算"利息"的方式已经高于目前法律所保护的利率，即贷款市场报价利率（loan prime rate，LPR）的四倍。对于税收滞纳金的性质，目前学界上存在不同的学说，在这里本书更倾向于损害赔偿说或是行政执行罚说。我国对于税款的征收采取的是以现金缴纳的方式，属于金钱给付之债，纳税义务人在纳税宽限期满后仍不履行纳税义务，属于迟延履行，此时的税收滞纳金是纳税人占用国家财政的损害赔偿。而且，从税收滞纳金的属性来看，其应当是"执行罚"，这区别于行政处罚，这也是我国行政学界普遍认为的。执行罚的产生不会使行政相对人产生新的行政义务，这仅仅是一种督促其尽快履行的手段，德国学者也指出，税收滞纳金没有处罚的性质，只是一种督促手段。

如果在企业正常经营的情形下，对未缴纳的税款加收滞纳金无可厚非，但在破产程序中，企业的滞纳金往往数额较大，如果滞纳金在破产程序中也享有优先权，那么其他债权人的利益无法保障，我们也无法苛求债权人在和企业进行交易时查询企业的滞纳金数额，这种不经济的做法有违商事法律的立法价值。并且，在法释〔2012〕9号文件中可以看出，司法机关对于税收滞纳金具有优先性的观点不予支持，在司法实践中，人民法院对税务机关主张税收滞纳金具有优先性的主张也是持否定态度。此外，国家税务总局公告2019年第48号文件中也将税款"本金"与税款滞纳金分立规定，因而税收滞纳金在破产程序中应当按照普通债权进行处理，而不应当认定滞纳金与税收本金都具有税收优先权。

但对于税收滞纳金是否完全排除在税收优先权的范围之外，笔者认为应对其进行进一步的细化处理。在明确税收滞纳金的属性后，可以将破产受理前的税收滞纳金分为两个部分。首先，对于损害赔偿部分，在破产清偿的顺位中同税款本金享有同等的地位。根据民法典物权编的规定，担保物权担保的范围不仅包括债权本金，还将利息、罚息等纳入担保的范围当中。在破产受理之前设定的担保物权所担保的本金和利息同样也可以在破产程序中获得清偿，说明间接确认了债权本金及其法定孳息在破产程序中受偿的一致性。破产受理前欠缴的滞纳金的损害赔偿部分，数额大小和利息相差不大，可以将其视为是税收本金的"法定孳息"。如果将担保物权类推适用于滞纳金的损害赔偿部分，那么对于该部分，在破产程序中可以与税收本金保持同等优先清偿的顺位。这样一来，不仅协同了法律规定之间的逻辑关系，也尽可能地维护了社会的公众利益。其次，对于行政执行罚部分，由于其属于一种督促纳税义务人尽快履行义务的手段，但是可能由于破产企业的客观原因，没有足够的现金进行税款的缴纳，所以即使对其加收滞纳金也无法产生督促的作用。若将滞纳金也纳入税收优先权的范围之内，只能造成"税与民争利"的现象，所以不宜赋予其优先性。

（三）罚款及其他非税收入不享有优先权

税收罚款是行政处罚，相较于执行罚，惩罚性的特征更为明显。当出现非主观原因导致破产企业造成无法及时足额缴纳税款的情形时，此时，税务机关依据法定程序对其进行行政处罚。在进入破产程序后，如果将税收罚款作为可申报债权，并且将其列为优先受偿层级进行破产债权的受偿，客观上是对其他债权人债权的侵害。并且，税收罚款与税收本金在性质和功能上存在显著区别。税收之所以具有优先性，更多的是因为其公益性的特点，罚款所具有的惩罚性和非公益性恰恰与税收的性质相左，因此也不宜将税收罚款赋予优先清偿性。

在税收罚款的处理上，可以借鉴外国法的规定。德国破产法和日本破产法将税收罚款作为劣后债权处理。劣后债权是在破产程序中，将该债权劣后于其他普通破产债权进行受偿。或者也可以将罚款作为除斥债权处理，不依照破产程序受偿。我国最高人民法院司法解释曾认为罚款并不属于破产债权，无法进行债权申报，也就当然不在破产清偿之列。因此，基于税收罚款的性质，以及对其他债权人利益的保护，不在破产程序中赋予其优先受偿权也是符合法律规定的。

能够作为优先权在破产程序中进行申报的"所欠税款"必须是税法所规定的破产企业应当缴纳的税款。至于各种行政事业性收费，不包含在"所欠税款"的范围内，不能作为优先债权进行申报。虽然在税费改革的大背景下，"费"和"税"有一定的相似之处，但是二者也存在明显的差别。由于我国对于行政事业性收费并未在法律层面上进行明确，此时，如果盲目地将其纳入破产债权的清偿顺序当中，或是合并纳入税收债权当中，会导致破产债权金额确定的"盲区"，可能造成人为控制普通债权人受偿金额的现象。普通破产债权人的无担保债权也会因此受到损害，甚至可能得不到清偿。因此，应当对"税"和"费"进行严格的区分，将税收优先权的范围严格地限定在税收征管法规定的税收征收范围之内。

（四）骗取出口退税款的追缴金应当享有优先权

破产企业骗取的出口退税款是否具有优先性，关键是要确认该出口退税款的性质。国内销售的货物一般需要缴纳增值税等税款，包括进口货物，我国也会对其加征税款。国家为了鼓励货物出口，防止同一批货物被两个国家征收两次同税种的税款，会对出口货物退或免增值税等相关税费。出口退税应当是货物出口销售后才进行退还其原已缴纳的税款，骗取出口退税是指通过制造假发票等欺骗手段，使税务机关为其办理出口退税，以逃避纳税义务。出口退税制度设立的初衷并不是对出口企业进行补贴，而是为了避免出口产品被双重征税。当企业通过欺骗手段骗取出口退税时，意味着该企业不满足出口退税的前提条件，企业将本应出口的货物进行内销，本应缴纳的税款通过虚构出口逃避缴纳，因此也就无须考虑避免重复征税的问题。根据《税收征管法》的规定税务机关是唯一一个可以依法向企业追缴其骗取的出口退税款的部门。骗取出口退税可能会构成刑事犯罪，若骗取的退税款小于或等于其应缴纳的税款，即构成逃税罪。当企业骗取的出口退税高于其应缴纳的税款时，会构成骗取出口退税罪。对于骗取的税款小于或等于应缴纳税款的部分应当属于税款，超出部分应当属于刑法所规定的赃款。对于税款的征缴应由税务机关进行，赃款的追赃应按照《中华人民共和国刑法》的规定进行。综上所述，企业通过欺骗手段获得的出口退税，其本质是税款，而不是赃款。

企业骗取出口退税的行为本质上就是一种偷逃税款的行为，因此在企业破产受理前骗取的出口退税款自然就可以作为税收债权进行申报，依法享有优先受偿权。

第四章　现代企业破产预重整及其制度构建研究

预重整制度的出现，为困境企业提供了替代选择方式，成了一种新型的拯救机制，满足了现在多元化拯救企业的客观需求。预重整制度不仅结合传统重整制度和法庭外债务重组制度的优势，又避免了两种制度的弊端，逐步成为拯救困境企业的新型方式，也越来越受到各国法学学术和司法实务界的关注和研究。本章主要围绕企业破产预重整的条件与对象选择、企业破产预重整的启动与管理模式、企业破产预重整的一般操作流程、企业破产预重整制度的构建与完善展开论述。

第一节　企业破产预重整的条件与对象选择

一、企业破产预重整的先决条件

"近年来，逐渐兴起的预重整制度在挽救困境企业方面发挥了重要作用。"[①]预重整的先决条件是指债务企业具有法定的破产重整原因。因预重整成功需要转入法定重整程序，故预重整与法定重整一样也必须有债务企业出现法定重整原因作为先决条件。预重整先决条件所要解决的是债务企业在事实上是否出现法定重整原因，然后确定是否进入预重整程序。

（一）预重整适用法定破产重整的原因

在"庭外重组与庭内重整相衔接"情况下，预重整的先决条件应当与破产重整的原因保持一致，即达到《企业破产法》第二条规定的条件要求。

[①] 刘惠明，牟乐. 新型企业拯救模式：预重整制度[J]. 财会月刊，2021（21）：115-120.

《企业破产法》第二条第一款规定，企业法人不能清偿到期债务，并且资产不足以清偿全部债务或者明显缺乏清偿能力的，依照本法规定清理债务。第二款规定，企业法人有前款规定情形，或者有明显丧失清偿能力可能的，可以依照本法规定进行重整。这是关于破产原因的规定。根据《最高人民法院关于适用〈中华人民共和国企业破产法〉若干问题的规定（一）》（以下简称《破产法规定（一）》）第七条规定，人民法院收到破产申请后应当及时对破产原因以及有关材料和证据等进行审查，并依法做出是否受理的裁定。在预重整与法定重整相衔接的情况下，预重整也应适用上述规定，将法定重整的破产原因作为预重整的先决条件。

1.不能清偿到期债务，并且资产不足以清偿全部债务

（1）不能清偿到期债务

清偿能力是债务人履行债务使债权人实现债权的能力。企业法人具有清偿债务能力，就不可能存在"资不抵债"的情形，也就不可能破产，但若不能清偿到期债务，并且资产不足以清偿全部债务的，便成为一种破产原因。这里的"不能清偿到期债务"，是指企业法人所负的债务清偿期限已经届至，债权人要求其清偿而债务企业不可能予以清偿的事实状态。根据《破产法规定（一）》第二条规定，企业法人同时存在下列情形的，应当认定不能清偿到期债务：①债权债务关系依法成立；②债务履行期限已经届满；③债务人未完全清偿债务。上述三种情形同时存在便构成"不能清偿到期债务"。但在计算不能清偿债务数额时，应将所有债务包括到期债务和未到期债务都纳入债务总额。

（2）资产不足以清偿全部债务

这是指企业法人的资产总和小于其债务总和，也就是说，债务企业实有资产不足以清偿全部债务，即通常所说的"资不抵债"。债务企业"资不抵债"的重点在于资产与债务比例关系，并不考虑债务企业的信用、声誉等其他非财产因素。在实践中，对债务企业"资不抵债"的认定需要注意以下两个问题。

第一，大多数企业在经营过程中或多或少都会发生短期资金周转困难的问题，资产负债表上也有可能出现阶段性"资不抵债"的反映，但多数有可能通过经营收入或融入资金进行化解。

第二，不少企业特别是中小民营企业，由于财务管理混乱，公私财物混同，其所做出的资产负债表的真实性是值得怀疑的，如一些潜在的债权和收益没有从账面上反映出来，资产负债表上的"资不抵债"难以作为认定企业是否已经构成破产的依据。

在上述两种情况下，破产原因是值得怀疑的，债权人或者债务人向人民法院申请预重整或法定重整，人民法院不能仅看债务企业的资产负债表就轻易裁定受理，而应对债务企业偿债能力做客观判断，如通过债务审计、资产评估等途径进行确认，在确定真正构成"不能清偿到期债务，并且资产不足以清偿全部债务"情形后，再决定是否裁定受理申请。

2.明显缺乏清偿能力

这种破产原因与上种破产原因相同的地方都以"企业法人不能清偿到期债务"为前提条件。两者不同的是，上种破产原因同时以"资产不足以清偿全部债务"为条件，而这种破产原因同时以"明显缺乏清偿能力"为条件。

"明显缺乏清偿能力"与"资产不足以清偿全部债务"是有关系的，其中，如果债务企业账面资产虽大于其所负的债务，没有出现"资产不足以清偿全部债务"的情形，但"明显缺乏清偿能力"也属于破产原因。譬如，某一企业虽然资产大于债务，但大量应收账款通过诉讼程序仍无法收回不能清偿到期债务，或者已经停止生产经营只留下固定资产而成为"僵尸企业"，在这些明显缺乏清偿能力的情况下，如果也一定要等到继续亏损至资不抵债时才可以破产的话，一方面会增加债务企业的债务负担，另一方面会继续损害债权人的利益。因此，《企业破产法》将"企业法人不能清偿到期债务，并且明显缺乏清偿能力"的情形作为破产原因进行规定。

关于"明显缺乏清偿能力"的具体认定标准问题，根据《破产法规定（一）》第四条规定，债务人账面资产虽大于负债，但存在下列情形之一的，人民法院应当认定其明显缺乏清偿能力：①因资金严重不足或者财产不能变现等原因，无法清偿债务；②法定代表人下落不明且无其他人员负责管理财产，无法清偿债务；③经人民法院强制执行，无法清偿债务；④长期亏损且经营扭亏困难，无法清偿债务；⑤导致债务人丧失清偿能力的其他情形。

3.有明显丧失清偿能力可能

《企业破产法》第二条第二款规定，企业法人有前款规定情形，或者有明显丧失清偿能力可能的，可以依照本法规定进行重整。据此规定，当事人申请破产重整，除有"不能清偿到期债务，并且资产不足以清偿全部债务或者明显缺乏清偿能力的"外，还有"有明显丧失清偿能力可能的"重整原因。

"明显缺乏清偿能力"属于已经实际发生"不能清偿到期债务"的事实状况，而"有明显丧失清偿能力可能"属于虽尚未实际发生"不能清偿到期债务"的事实，但有发生这种事实的可能性。两者相比较，以"有明显丧失清偿能力可能"为条件要求显然低于以"明显缺乏清偿能力"的条件要求，所以，"有明显丧失清偿能力可能"只能适用预重整、法定重整，而不适用破产清算。

需要注意的是，预重整、法定重整的原因与破产清算的原因，既有共同之处，又有所区别：破产清算的原因只是企业法人不能清偿到期债务，并且资产不足以清偿全部债务或者明显缺乏清偿能力，而预重整、法定重整的原因，除了有与破产清算一样的原因外，还可以是"有明显丧失清偿能力可能"。也就是说，预重整、法定重整既可适用"企业法人不能清偿到期债务，并且资产不足以清偿全部债务或者明显缺乏清偿能力"的原因，也可适用"有明显丧失清偿能力可能"的原因。由此可见，预重整、法定重整的原因范围比破产清算大，也就是说，企业法人因经营或者财务发生困难将导致不能清偿到期债务的，债权人和债务人都可以向人民法院申请预重整、法定重整。

（二）"债务危机"不一定是预重整的先决条件

破产重整的主要目的是拯救债务危机企业，预重整作为法定重整往前伸延的程序，其目的与法定重整是一致的，即对有拯救价值和可能的债务危机企业进行资产重组和债务调整，以帮助其摆脱财务困境、恢复营业能力。

企业债务危机是指企业大量负债而无力偿还或必须延期偿还债务的现象。在日常生活中使用"债务危机"这一概念是可以的，但在预重整、法定重整的情况下，以"债务危机"作为预重整、法定重整的原因是不妥的，主要理由是："债务危机"是个含糊的概念，目前尚无确定的量化标准和法定界限，企业若出现债务危机，但未达到破产重整的法定原因条件的，即使已经进行预重整并获得成功，也无法转入法定重整程序。譬如，企业虽有债务危机，但其资产足以且可清偿全部债务，就不构成破产重整的原因，既然不构成破产重整，就无须进行破产预重整。

二、企业破产预重整的对象选择

企业是国家的主要纳税人，当其出现债务危机时，政府和人民法院应当尽可能予以拯救。但在市场经济条件下，企业应当依靠自身努力解决债务危机，政府和人民法院只起帮扶作用，而且也不是所有债务危机企业都值得拯救或都能成功拯救的。所以，采取预重整、法定重整模式拯救债务危机企业应有所选择，否则破产清算就无法律意义了。这里说明一下，因债务危机企业在破产程序中被称为"债务人"，又因破产对象是企业法人，为了方便叙述，我们将其称为"债务企业"。

（一）预重整与法定重整的对象

《企业破产法》设置重整制度的目的是拯救企业，但债务企业到了破产边缘是否有药可救，则应视其是否具有拯救价值和拯救可能而定。债务企业出现破产原因，但有维持价值和再生希望的，才适用预重整、法定重整的机制进行拯救。

根据《企业破产法》及其司法解释的有关规定来看，在破产清算、破产和解、破产重整三大程序中，当债务企业具有拯救价值和拯救可能时，应当优先适用和解程序和重整程序进行救治。但是，债务企业不具有拯救价值和拯救可能，如"僵尸企业""无产可破"企业等，勉强其进行预重整、法定重整，让其继续"挣扎"是不妥的，一是浪费债务企业的重整费用，二是浪费国家的行政资源和司法资源结果，三是会损害债权人的利益，因此要果断地对其进行破产清算，让其退出市场，以体现破产清算的淘汰功能。

最高人民法院根据《企业破产法》的立法精神，在《全国法院破产审判工作会议纪要》第十四条"要进一步完善破产重整企业识别"工作机制中指出，破产重整的对象应当是具有挽救价值和可能的困境企业；对于僵尸企业，应通过破产清算，果断实现市场出清。人民法院在审查重整申请时，根据债务人的资产状况、技术工艺、生产销售、行业前景等因素，能够认定债务人明显不具备重整价值及拯救可能性的，应裁定不予受理。

（二）债务企业的"拯救价值"表象与判断

从各地司法实践来看，债务企业"拯救价值"的核心内容是其继续经营价值大于清算价值。如果继续经营价值等于或者少于清算价值，则无必要进行预重整、法定重整。据此，债务企业"拯救价值"的表象有以下几种要求：①符合国家产业结构调整政策，具有发展前景；②具有较好的品牌效应和品牌形象，消费者对其继续存在有所期待；③股权结构清晰，股东有继续经营的信心；④企业管理、经营团队和销售网络良好；⑤企业信用还有恢复的可能，所需资金还有融入的可能；⑥"资不抵债"不是十分严重，债转股的可能较大；⑦工艺技术、专用权利、特许经营资质等无形资产具有一定的利用价值等；⑧有较为确定的意向投资人准备注入资金。

有些地方政府和人民法院根据本地的实际情况，就债务企业的"拯救价值"的表象和判断做出一些规定。例如，温州市人民政府办公室于2018年12月27日印发的《企业金融风险处置工作府院联席会议纪要》（温政办函〔2018〕41号）第二部分第（二）条中指出，进入预重整程序的企业应为符合国家产业政策，行业前景较好，具有挽救价值的当地核心优质企业。

在这方面，深圳市中级人民法院的规定较为详细和明确。《深圳市中级人民法院审理企业重整案件的工作指引（试行）》（深中法发〔2019〕3号，以下简称《深圳中院审理重整案件指引》）第二十二条第二款规定，判断债务人的重整价值，应当综合考虑下列因素：①债务人的行业地位和行业前景，包括债务人的市场认可度、产能先进性等；②债务人的经营情况，包括债务人经营模式的成熟程度、经营团队的稳定性和经营管理的运行情况等；③债务人的资质价值，包括债务人的资本价值、特许经营权或者生产资质等；④债务人的品牌价值，包括债务人的营销网络、客户关系、品牌效应及商誉等；⑤债务人的社会公共价值，包括债务人对国计民生及公共利益的重大影响等；⑥能够体现债务人重整价值的其他情形。

此外，社会中介机构如依法取得相关资质的资产、土地、房地产、商标、专利等评估机构和审计机构、预重整管理人出具的报告，具有科学性和客观性的特征，故也可用来判断债务企业的重整价值。

（三）债务企业"拯救可能"问题的判断

"拯救可能"是债务企业进行预重整、法定重整的可行性问题。这种可行性，既要从债务企业、债权人等主观意愿上进行判断，又要从客观条件上进行判断，然后综合考虑债务企业有无拯救的可能性。这里引用《深圳中院审理重整案件指引》第二十三条第二款的规定，分析债务企业有无拯救的可能性的问题。

1.债务人的重整意愿及配合程度

根据《企业破产法》第七十条规定，债务人和债权人都可以依法直接向人民法院申请对债务人进行重整。债务人申请人民法院对本企业进行破产重整，事先应当按照法律法规的规定或者公司章程的规定经股东会（或股东大会）、董事会同意，否则人民法院不予受理。债务企业股东会、董事会决定预重整、法定重整，然后向政府或人民法院提出申请的，其意愿表达是清楚的，配合程度也是没有多大问题的。债权人向人民法院申请对债务人进行预重整、法定重整，债务人有无预重整、重整意愿以及是否配合是值得考虑的。预重整、法定重整主要依靠债务企业自身努力而为，债权人申请预重整、法定重整，即使人民法院做出预重整决定或重整裁定，若债务企业并无此意，也就不会积极配合，这将会降低成功概率。所以，在债权人申请债务企业预重整、法定重整的情况下，人民法院先听取债务企业的出资人包括股东及高层管理人员的意见是有必要的，然后再决定是否受理债权人提出的申请。

2.主要债权人支持重整的情况

不论是债权人提出申请还是债务人提出申请，主要债权人即大额债权人对预重整、法定重整都有着决定性影响。主要债权人积极支持的，预重整、法定重整才有可能顺利进行，如果强烈反对的，预重整、法定重整期间即使形成重整计划草案，也难以获得债权人会议的表决通过。所以，人民法院考察主要债权人的态度，再来判断可行性是有现实意义的。

3.重整方案及重整投资人情况

债务企业在濒临破产的情况下，通常难以再行融资清偿债务和继续经营，因而需要有投资人注入资金。因此，人民法院了解债务企业有无引进投资人的可能以及投资人投资情况，便是判断预重整、法定重整有无可行性的最为重要的因素。

4.法律与政策障碍情况

"法律与政策障碍"主要是法律法规和政策的禁止性、限制性的规定。譬如，债务企业未经依法批准擅自建造的厂房和办公楼是不得转让的，若这些违法的厂房和办公楼属于债务企业的主要资产，有关部门又不予补办手续，该债务企业进行预重整、法定重整的成功概率是非常低的。

5.重整与清算模式下的清偿率情况

重整清偿率与清算清偿率比较法是解决债权人反对预重整、法定重整最为有效的办法。重整清偿率高于清算清偿率，债权人一般都会同意预重整、法定重整，重整计划草案也就容易获得债权人会议的表决通过，反之就没有必要进行预重整、法定重整。因此，在清理债权债务、资产评估、引入投资人等工作的基础上，采取这种比较法分析就可知道预重整、法定重整是否具有可行性了。

以上五种情况仅为主要因素，实践中还需结合上述"拯救价值"的八种表象，一起判断预重整、法定重整的可行性问题。经正确判断，预重整、法定重整具有可行性的，才有可能达到拯救目的。

第二节　企业破产预重整的启动与管理模式

一、企业破产预重整程序的启动

根据《企业破产法》规定，债务人具有破产重整原因，债务人或债权人向人民法院申请对债务人进行破产重整，人民法院经审查认为重整申请符合破产法规定的，裁定予以受理，破产重整程序启动。预重整程序的启动与法定重整程序一样，事先也应有债务人或债权人等提出申请，但启动的方法、条件及模式与法定重整有所不同。

（一）企业破产预重整的申请

1.债务人申请预重整

债务人具有破产重整原因，为使本企业得以拯救，可以向当地政府或者人民法院申请预重整。但债务人申请预重整，事先应当按照《公司法》和章程的规定，须经股东会或董事会同意；未经股东会或董事会同意，人民法院不应予以受理。此外，债务人预重整与债权人的利益直接有关，故还应取得主要债权人或多数债权人的同意；主要债权人或多数债权人反对预重整的，人民法院不宜凭债务人单方申请依职权决定受理。

2.债权人申请预重整

债权人向人民法院申请债务人破产重整，人民法院认为债务人具备破产重整条件的，不论债务人是否同意破产重整，人民法院都应裁定重整。但预重整实行自愿自治原则，债权人对债务人提出预重整申请，债务人不同意而宁愿破产清算的，人民法院不得凭债权人单方申请依职权决定预重整。例如，《深圳中院审理重整案件指引》第二十七条第一款规定，受理重整申请前，对于具有重整原因的债务人，为识别其重整价值及重整可行性，提高重整成功率，经债务人同意，合议庭可以决定对债务人进行预重整。不论债务人自行提出预重整申请，还是债权人对债务人提出预重整申请，都须对方同意。双方都有预重整意愿，人民法院或政府做出预重整决定的，预重整程序启动。

3.出资人申请预重整

债权人向人民法院申请重整，人民法院认为有必要先行预重整的，在受理重整申请前，经债务人同意的，可以决定对债务人先行预重整。债务人自行向人民法院或政府提出重整申请，事先应由股东会、董事会以决议形式做出决定。但在实践中会出现这样的情况：部分股东为避免企业继续亏损而希望企业重整，但在其他股东控制下不能形成重整的统一意见。为协调股东之间的利益关系，保护少数出资人的权益，《企业破产法》第七十条规定，出资额占债务人注册资本十分之一以上的出资人也有权申请重整。这里的"债务人的出资人"主要是指债务企业的股东，但也应包括非股东的实际出资人。我们认为，债务企业的出资人也可以参照《企业破产法》第七十条规定提出预重整申请。

4.清算转重整后可否预重整

《企业破产法》第七十条第二款规定，债权人申请对债务人进行破产清算的，在人民法院受理破产申请后、宣告债务人破产前，债务人或者出资额占债务人注册资本十分之一以上的出资人，可以向人民法院申请重整。也就是说，在人民法院裁定受理债权人提起的破产清算申请后，至宣告债务企业破产前的破产清算程序中，债务人或者上述出资人，可以向人民法院申请重整，人民法院同意的，可将破产清算程序转为破产重整程序先行重整，重整不成的，再转回清算。

5.申请预重整应提交的材料

预重整申请人是债权人或债务人，两者因主体角色不同，申请预重整时所要提交的材料也有所不同。债权人申请预重整的，通常需要提交以下材料：①预重整申请书，该申请书应当载明申请人和被申请人的基本信息、申请事项以及申请预重整的理由；②申请人的主体资格证明；③债务人的主体资格证明和最新工商登记材料；④债务人具有破产重整原因的证据；⑤债务人具有重整价值的证据。

债务人自行申请预重整的，应当提交以下材料：①股东会、董事会做出预重整的决议或决定；②如有意向投资人的，提交意向投资人同意预重整的材料，或者投资意向书、协议书；③资产及负债明细；④有关财务会计报告；⑤债权债务及担保情况表；⑥诉讼、仲裁及执行情况清单；⑦预重整可行性分析报告。

（二）企业破产预重整程序的启动模式

预重整程序的启动模式是启动预重整程序的行为方式。从实践来看，预重整程序的启动主要有以下三种模式。

1.人民法院决定预重整

人民法院决定预重整大致有两种情况：一是债权人或者债务人直接向人民法院申请债务人预重整，人民法院予以受理并做出预重整决定；二是债权人或债务人向人民法院申请债务人破产重整，人民法院先行预立案，经听证认为，债务人有重整价值和重整可能，债权人、债务人、出资人、投资人也有预重整意愿的，暂不裁定破产重整，而做出预重整决定。

2.政府决定预重整

企业出现债务危机向当地政府请求拯救并要求预重整，或者债权人向当地政府要求对债务危机企业预重整，当地政府认为债务危机企业有重整价值和拯救可能，做出受理预重整决定，并指定管理人进行指导、监督和协助，这也是一种预重整程序的启动模式。

在债务企业自治预重整的情况下，人民法院或政府决定预重整是公权介入，这对预重整具有关键性的作用，甚至是预重整能否成功的决定性因素。但是，人民法院或政府决定预重整只是在程序上允许当事人自行预重整，预重整实施主体仍为当事人，即由债权人与债务人、出资人等利害关系人自行协商处理预重整事务，包括自行协商制定预重整计划方案。人民法院不能依据《企业破产法》有关规定进行"庭内"的破产审判活动主导预重整，如不能在裁定重整申请之前批准预重整计划方案，又如不能决定停止计息等。如深圳市中级人民法院在决定深圳市福昌电子技术有限公司预重整时，与当地政府一起采取"搭台不唱戏"的方式，即只为债务企业搭建预重整平台并进行帮扶，但不大包大揽，预重整事务仍由债务企业自行按照市场规则进行。

3.债务人自行决定预重整

企业出现债务危机，债务人与债权人、投资人等可以自行组织预重整，预重整成功后，无须进入法定重整程序的，这种所谓的"预重整"，实际上是当事人自行和解或者是自行重组，与破产无关，因而不能叫"破产预重整"。但若需要加强重整法律效力，按照《企业破产法》有关规定向人民法院提出重整申请，人民法院也裁定受理重整的，也可视为破产预重整。

（三）企业破产预重整期间债务人的义务

根据《企业破产法》第十五条规定，在破产程序中，债务人的法定代表人和经人民法院决定的财务管理人员、其他经营管理人员应当承担下列义务：①妥善保管其占有和管理的财产、印章和账簿、文书等资料；②根据人民法院、管理人的要求进行工作，并如实回答询问；③列席债权人会议并如实回答债权人的询问；④未经人民法院许可，不得离开住所地。

债务企业在自行预重整下则有所不同，因其仍有完整的主体资格，对自身预重整负有全部责任。据此，《深圳中院审理重整案件指引》第三十二条规定了债务人在预重整期间承担下列七项义务：①配合管理人调查，根据询问如实回答并提交材料；②勤勉经营管理，妥善维护资产价值；③及时向管理人报告经营中的重大事项；④不得对外清偿债务，但维系基本生产必要的开支除外；⑤未经允许,不得对外提供担保;⑥积极与出资人、债权人、意向投资人协商,制作重整方案;⑦完成与预重整相关的其他工作。

二、企业破产预重整的管理模式

预重整启动模式主要是解决由谁决定开启预重整程序问题,而预重整管理模式主要是解决由谁主导并实施预重整的问题。《企业破产法》第七十三条第一款规定,在重整期间,经债务人申请,人民法院批准,债务人可以在管理人的监督下自行管理财产和营业事务。第二款规定,有前款规定情形的,依照本法规定已接管债务人财产和营业事务的管理人应当向债务人移交财产和营业事务,本法规定的管理人的职权由债务人行使。由此可见,债务企业进入法定重整程序,可由管理人予以接管后进行重整,也可以由债务企业提出申请,经人民法院批准后,在管理人的监督下自行重整。债务人不提出申请或者人民法院不予批准,应仍由管理人接管重整。当前,就预重整管理模式问题,主流观点和实践方式都倾向于债务企业"自管模式",人民法院或政府委托管理人接管预重整的很少,但司法实践也有出现。因此,根据债务危机企业的实际情况,可以采取"以自管为原则、以接管为例外"两种方式。

(一)债务人的自管模式

企业虽然出现债务危机,但其出资人包括股东仍有信心恢复生产经营,企业团队仍能发挥自治作用的,应当采用"自管模式"进行预重整,自管模式,可以参照《企业破产法》第七十三条规定,在债务人或者债权人提出申请后,经人民法院或者政府做出决定,在预重整管理人指导、协助和监督下,由债务企业自行管理财产和营业事务,进行预重整。

让债务人"自管"预重整,并不意味放任自流,政府或人民法院仍有必要规范债务企业在预重整期间的"自管"行为。就此,笔者建议参照《深圳中院审理重整案件指引》第六十条第一款规定来规范债务人自行管理的行为。该条第一款规定,在重整期间,债务人自行管理的,应当履行下列职责。

(1)负责营业事务。

(2)管理债务人的财产、账簿和文书等资料。

(3)建立债务人日常管理的制度架构,制定相关规范文件。

（4）决定债务人内部管理事务。

（5）决定债务人的留用人员。

（6）按财务管理制度决定日常开支和其他必要开支。

（7）向债权人会议报告财产状况。

（8）接受管理人监督，向管理人提交预决算表，定期对账。

（9）制定重整计划草案及其说明文件。

（10）相关法律或职责分工方案规定的债务人其他职责。

从总体上说，债务人在预重整期间自行管理的职责有三大内容：一是与往常一样负责管理企业；二是自行担负预重整工作任务；三是接受预重整管理人的监督和指导。此外，在自管模式下，政府尽力帮扶、人民法院着力指导、管理人尽职和债务企业自身努力是预重整成功的关键要素。

（二）管理人的接管模式

有些债务危机企业有一定的重整价值和拯救可能，但在濒临破产进入预重整程序时，法人治理结构存在严重问题，股东无心继续经营，管理团队已经涣散，处理债务能力明显下降，无能为力应对债权人，自身难以或不能进行预重整，或者有逃避债务而隐匿、转移财产的行为，可能损害债权人利益的，一般不适宜预重整，而应直接进行法定重整。但政府或人民法院从大局角度考虑，认为仍有必要予以拯救，且债权人、债务人或投资人也有意向预重整的，可以考虑由管理人予以接管进行预重整，并参照《企业破产法》第二十五条规定赋予预重整管理人的职责。

第三节　企业破产预重整的一般操作流程

企业破产预重整的一般操作流程是指预重整各项工作的流向顺序，包括环节、步骤和程序，并体现程序与内容之间的动态逻辑关系。在预重整开始时，债务人、债权人、管理人等，只有先把操作流程清晰地整理出来，今后才能有条不紊地开展工作。在通常情况下，预重整操作流程是由预重整的性质和内容所决定的，个案虽有差异，但整体上相同。我们根据司法实践进行整理，认为预重整操作流程大致如下。

一、企业破产预重整的前期准备工作

企业出现债务危机,准备申请预重整的,通常需要做好以下几项工作。

第一,分析是否符合破产重整条件。因重整程序和预重整程序的启动都以债务企业具有破产重整原因为先决条件,故债务企业预重整,事先需要对本企业是否具有破产重整原因进行分析。经分析,发现不具有破产重整原因或者达不到破产重整条件的,不能申请破产重整,也不能申请预重整,即使提出预重整申请,政府和人民法院都不会受理,而只能自行采取资产重组、债务重组等其他方式解决债务危机问题。债务企业对本企业的债务情况是心知肚明的,对是否具有破产重整原因是最清楚的,因此自我分析破产重整原因一般不存在困难。

第二,委托中介机构对资产及负债状况进行审计和评估。债务企业虽然清楚本企业的资产和债务的情况,但在申请预重整时需要拿出证明自己具有破产重整原因的证据来,而中介机构做出的审计报告和评估报告是最为有力的证据,在确认债务企业的资产状况和负债状况的同时,能够证明债务企业是否"资不抵债"或者有无明显丧失清偿能力可能的事实状态。审计和评估的结论如果证明债务企业具有破产重整原因的,债务人和债权人都可以申请预重整。

第三,股东会、董事会做出预重整决定。债权人申请债务人破产重整符合条件的,无须债务企业同意的股东会、董事会做出决定,政府和人民法院即可裁定受理。但债权人申请对债务人进行预重整则不同,因预重整通常由债务企业自治进行,故需债务企业同意预重整,即由股东会、董事会做出同意的预重整决定。出资额占债务人注册资本十分之一以上的出资人申请本企业破产重整,本身就是针对股东会、董事会不能形成破产重整决定而言的,因此出资人提出破产重整或者预重整申请,也无须以股东会、董事会做出决定为前置条件。债务企业认为自己具有破产重整原因,准备重整或预重整的,属于公司生死存亡的重大事项,即《公司法》规定的"公司合并、分立、解散、清算或者变更公司"的情形,故应依照《公司法》第三十七条、第四十六条的规定,由股东会、董事会行使职权做出预重整、破产重整的决定。

第四,准备预重整的申请材料。

二、企业破产预重整的人民法院介入操作流程

人民法院介入预重整,是指有管辖权的人民法院在诉讼外进入预重整程序之

中进行干预的行为。在当事人没有申请破产的情况下，人民法院根据不告不理的诉讼原则，不得利用审判程序介入债务企业预重整，但是，在我国当前的政治体制下，作为为社会稳定和经济发展保驾护航的审判机关，在庭外适当介入预重整是有必要的，且在某些情况下将会起着主导性或决定性的作用。如债权人或债务人申请债务企业破产重整时，有意愿事先进行预重整，或者直接申请预重整，或者政府受理预重整后与人民法院联系有关后续转入法定重整程序等事宜的，人民法院介入预重整就不可避免。从实践来看，人民法院介入预重整的工作流程大致如下。

第一，受理申请。债权人、债务人等向人民法院申请对债务人进行预重整大致有三种情况：①直接向人民法院申请预重整；②政府已经决定预重整，但为今后与法定重整相衔接并取得人民法院的支持，债务人再向人民法院申请预重整登记；③人民法院受理破产重整申请后，债权人、债务人等要求或者同意人民法院先行预重整。人民法院接受预重整申请时，因预重整不是法定重整，所以都对预重整案件编立"破预登"或编"立调"或"引调"案号，作为重整案件的"预登记"。

第二，举行听证。《企业破产法》未设置破产重整和预重整的听证程序，但最高人民法院在《全国法院破产审判工作会议纪要》第十五条中指出，对于债权债务关系复杂、债务规模较大，或者涉及上市公司重整的案件，人民法院在审查重整申请时，可以组织申请人、被申请人听证。债权人、出资人、重整投资人等利害关系人经人民法院准许，也可以参加听证。听证期间不计入重整申请审查期限。据此精神，人民法院接到债权人或债务人破产重整或预重整申请后，在裁定受理前，认为债权债务关系复杂、债务规模较大的，可以进行听证。人民法院举行预重整听证，目的是听取债权人、出资人、意向投资人等利害关系人对债务企业预重整的意见和建议，先行了解债务企业是否具有破产重整原因以及有无预重整的必要性和可行性。同时，通过听证会上的介绍、提问、咨询等，使与会人员能够加深对案情的了解，使意向投资人对是否投资有所判断。听证会还可以就重整或预重整的计划方案、战略投资达成初步意向。

第三，决定预重整。人民法院受理重整案件后，有关当事人没要求预重整的，人民法院应当裁定受理重整申请。债权人、债务人等提出预重整申请或有预重整意愿，人民法院也认为有必要预重整的，可以做出预重整决定。政府已经对债务企业进行预重整的，人民法院先予"预登记"立案，待预重整结束时，再决定是否转入法定重整程序，或者接受当事人提出的破产清算申请。

第四，指定管理人。人民法院在决定预重整的同时，参照破产管理人制度指定预重整管理人。

第五，选任主导债权人或组建债权人委员会，并建立债权人联络与协商机制。

第六，根据预重整案件的具体情况，确定指导预重整的内容并制定方案，以便日后指导债务企业实施预重整工作。

三、企业破产预重整的政府受理操作流程

地方政府受理预重整的做法各不相同，但在总体上都参照上述人民法院介入预重整的工作流程进行。相对人民法院而言，政府受理预重整的操作流程是比较宽松和灵活的。

第一，政府负责预重整部门或机构接到预重整申请后，通过形式审查，认为申请人提出的申请符合《企业破产法》有关重整规定的条件和当地政府有关拯救政策规定的，在准备受理前，除了参照人民法院听证要求召开听证会外，为使有关职能部门配合预重整，可以吸收有关职能部门包括人民法院在内的有关人员参加听证会，听取有关职能部门和人民法院是否支持预重整的意见。

第二，负责预重整的政府部门或机构在决定受理预重整申请前，为使今后的预重整与司法重整相衔接，并取得人民法院的支持，通常都与当地有管辖权的人民法院进行联系与衔接。政府决定预重整的，人民法院可以根据申请人的申请，对预重整案件进行诉前登记。

第三，负责预重整的部门或机构代表当地政府受理预重整案件后，认为债务企业符合重整条件并有拯救价值和可能的，应当做出预重整决定。政府做出预重整决定，也就启动了预重整程序。

第四，政府在做出预重整决定的同时或之后，可以参照破产管理人制度遴选、指定预重整管理人，也可以根据实际情况抽调有关部门、机构的人员组成清算组负责预重整工作。

第五，当地政府对重大预重整案件可以安排和落实有关部门或机构在其职责范围内对债务企业预重整进行指导、监督、扶持以及有关事务处置的分工。

当地政府做出受理预重整决定后，在通常情况下应将预重整事务，包括引入

重整投资人、制定预重整计划方案等,交由管理人、债权人、债务人、投资人等自行操作。

四、企业破产预重整实施阶段的操作流程

人民法院或政府对债务企业做出预重整决定,并指定管理人后,预重整平台也就搭建成功,接下来进入实施阶段。在预重整期实施阶段,预重整事务由债务企业自行负责处理,管理人予以指导、决定和协助。

在实施阶段,预重整没有固定的操作流程,而应根据具体情况和实际需要进行操作,从实践情况来看,大致按照如下顺序进行操作。

第一,债务企业和预重整管理人共同制定预重整工作方案,就预重整的工作事项、工作方法、工作时间、目的要求等做出切合实际的安排。预重整工作方案应当报请董事会审查通过,如有必要,可报请股东会议通过,以便今后有条不紊地开展预重整工作。

第二,通知已知的债权人并公告通知未知的债权人向预重整管理人申报债权;预重整管理人登记、审查、确认债权,并登记造册、编制债权表。

第三,招募战略投资人,并与意向投资人商谈投资方式、投资条件等,谈判成功后与投资人订立投资协议。

第四,拟制预重整计划方案,并征求出资人、债权人、意向投资人等利害关系人的意见,然后进行修订和完善。

第五,参照《企业破产法》有关重整规定,在不损害债权人利益的情况下,妥善和适当处置部分资产,清偿部分债务,减轻预重整负担。

第六,召开临时债权人会议,参照《企业破产法》有关重整的表决规则,表决通过预重整计划方案。

第七,预重整管理人和债务企业等向决定预重整的人民法院或政府报告预重整工作状况,并提交债权人会议表决通过的重整计划方案。

第八,向人民法院提出破产重整申请,人民法院认为重整计划方案合法的,裁定受理破产重整申请,预重整正式转入法定重整程序。至此,预重整程序结束,重整计划进入执行阶段。

第四节　企业破产预重整制度的构建与完善

"为保障预重整与重整程序的顺利对接，进一步提高预重整效率，结合我国当下的预重整实践，我国在未来采取庭内预重整模式是更为合适的立法选择。"[①]

一、企业破产预重整制度的构建要点

（一）实现重整制度的"公平性"

预重整程序中的协商环节，本着尊重当事人的自由意志原则，支持鼓励当事方谈判、妥协。只有确定了对所有当事人最公平、有利的调整，才能真正促成重整的成功和企业复兴。

1.保护债权人的利益

预重整制度中利益受影响最大的是债权人。如果预重整成功，债权人能够获得更高的收益。在一般企业破产重整中，普通债权人的受偿比例并不高，债权人损失较大是一种普遍现象。企业重整中债权人清偿顺序是整个破产程序的基础，如果没有得到权利受影响的相关债权人同意，违反清偿顺序规则是非常严重的行为。美国破产法规定，任何一个顺位的债权人对重整方案提出反对意见，违反清偿顺序规则的协议就应当被认定无效，由于预重整协商环节主要在大部分债权人接受谈判的前提下进行，通过债权人委员会的方式能够实现债权人的积极参与，债权人委员会成员可以列席讨论，拟定重整计划草案，草案完成后，债权人有权对重整计划草案提出反对，防止自己的正当权利被侵犯，债委会的设置不仅有债权人利益保护，还代表对企业重整程序的监督与核准，如果最终无法形成"协商一致"，在进入重整程序后，人民法院通过对重整方案的审查，可以判断债权人的反对理由是否正当，是否需要采取强制批准的方式保护其他债权人的合法权益。这种对于债权人利益的全面保障，能够产生约束所有债权人的法律效果。

2.保护债务人的利益

虽然预重整程序并不是严格意义上的法定程序，但自程序确定以来，针对程

---

①赵小芹，秦瑞鑫. 论我国预重整之程序构建[J]. 长白学刊，2022（02）：83-91.

序施以的各项保护措施能够保障债务人、企业运营的基本权利。例如，限制单一清偿，可以组织部分债权人的讨债行为，有助于企业的继续运营。债务人自行与他方协商、管理企业是一种侧重效率的制度安排。对于困境企业的复兴而言，企业希望能够通过重整制度改变自己不良的经营状况，实现继续经营的目的，由于管理层比管理人更熟悉企业资产、业务情况，在预重整程序期间，债务人企业可以承担管理人职责，掌握公司的控制权，自行管理其资产和营业，依据企业的客观要求灵活、及时处置资产，避免丧失商业机会。同时还可以利用持续管理的优势，继续开展融资活动，获得投资人的信任和支持，传统重整中，企业重整属于公开活动，由于缺乏对新债权的保障，潜在投资人缺少信任资本，企业很难获得新的融资。而选择债务人与投资人的私下协商，能够加强投资者对企业的了解和信任，愿意借贷资金维持企业经营。同时，新融资并不影响原有债权人的权利保护，加入融资计划的重整方案更容易获得债权人和人民法院的认可，有助于企业重整成功。

3.保护中小股东的利益

债权人和股东将自己的经济资源投入到企业运营中，希望获得丰富的收益，两者本是共担风险、利益与共的关系。但重整制度中两者之间的分配又存在对立冲突关系。按照法律既定的分配秩序，担保债权优先受偿，最后才是股权，在企业陷入财务困境的情况下，应当要求所有的权利都处于中止状态，将债权人和股东都归为企业"内部人员"，尽管他们地位不同。但通过预重整协商的目的在于使企业复兴，将各自的利益合成总体利益，即企业未来的营运价值。只有通过各方的努力，建立多边协商，才能真正最大化企业价值。

保护股东利益不仅是指公司的大股东，同时还应当保障中小股东权益。破产法实施以来，很多进入重整程序的企业都被政府选择由身为大股东的管理层或关联的控股机构接管。为了救助处于困境的公司，不少管理者为了自身利益存在违法操作行为。

4.保护公共的利益

重整制度的创新和发展，不仅基于当事人个别利益的个别理性判断，同时还需建立在社会整体利益的判断上。破产企业是一个充满利益冲突的共同体，每个人都在衡量自己能够获得多少收益。过去的传统重整制度重在政府干预，力争债权人利益最大化，而忽视了对社会资源的保护。解决社会利益问题是破产重整制度的一项基本任务。例如，在预重整实践中，不少企业存在金融债权比例较大、人数众多的情形。各地方人民法院积极设立金融债权委员会，在债务危机发生时，由金融监管部门及时组织抽收贷，稳定信贷关系。通过债委会的提前介入，能够缓解企业资金压力，维持企业基本经营，是一项明智且必要的拯救手段。

如果企业重整只关注当事人的私人利益，忽视对市场经济、社会资源的影响，那么企业重整对整个社会而言会是一场灾难。大型企业预重整还应当考虑职工利益。职工作为一个易受害群体，保护自己的利益能力较弱而其所承担的后果取决于困境企业的资产价值、偿还能力等因素。大型企业的破产清算可能导致职工大面积失业发生，失业即会导致债务负担加重，也会引发社会问题。重整成功是对员工最好的保护，如果企业重整失败，雇员需要被解雇或转移，应当给予一定的经济补偿，或者妥善安置，以减轻员工的经济损失和社会负担。预重整程序的建立本身就是基于社会公平的需求，体现对大多数人的关心和保护。当前地方人民法院的指引规范都谈及要稳定、维护职工安置等问题，帮扶具有拯救价值的规模企业，将社会关怀融合进程序和规则的设立之中，从规范本身反映、顾及社会利益的诉求。

（二）确保企业信息披露充分

现代社会是一个信息化社会，在市场交易中，更高的信息价值意味着更高的收益。实现信息的公开化、透明化，能够弥补企业因困境而出现的社会信用缺失。与普通的重整程序一样，每一个拥有投票表决权的人都应该被平等对待。只有提供全面、充分、准确的信息，才能使债权人对预重整方案以及企业价值有正确的判断，从而保障其自身权益。若缺乏对于企业资本运作、资产分布等的足够了解，债权人就无法判断是否应当拒绝或继续履行合同。未来的重组投资方也需要了解企业的基本信息，以此判断投资的必要性。

1.信息披露的程序

及时、适当的信息披露对于企业合作、谈判和重整草案的拟定有重大影响，因此信息披露应当贯穿从预重整开始至重整结束整个阶段。首先负责人应当全面、详细地公布企业财政状况及运营情况，并就是否以预重整方式解决债权债务问题征求债权人的意愿。这种拟定的重整方案实质上像是一份新的还款协议，应当包含债务人的经营方案、债权受偿与调整方案、企业拯救方案等内容。缺乏对企业信息的了解，不仅影响重整效率，同时也碍于重整目标的实现。因为当事方先天信息掌握不对称，债务人掌握绝大部分企业信息，债务人却处于信息劣势。为了满足债权人意思表示真实，方案的制定者应当主动履行披露义务。尤其是在表决阶段，除企业管理人以外的当事方往往难以知悉公司运营的具体信息，所得信息不充分会严重影响表决结果。披露方在表决阶段前强制性地披露企业、债务人的真实信息，才能缩小各方信息不平等的差异。

依据联邦破产法典的规定，如果企业在进入正式重整前，重整方案已经取得了多数债权人的通过，只要申请重整后符合相关信息披露的要求，依据契约的约束力，进入重整程序后债权人所在组别就被视为接受重整方案，不得投反对票。从预重整进入重整程序，不同阶段有不同目标，因此信息披露的内容也不尽相同。在后来的重整过程中，当事方仍旧应当就企业的债务履行、经营情况继续提交信息披露报告，充分保障重整参与方的知情权。与此同时，人民法院可以对破产企业进行询问，对披露说明所提供的信息进行充分审查，保障重整目标的实现。

2.信息披露的监管制度

企业进入破产预重整阶段后，债务人或者实际控制人依旧对企业享有控制管理权，能够代表企业做出商业判断。利益相关方在企业正常运营阶段并不能参与企业经营管理，而实际管理者此时为了自身利益很有可能会隐瞒信息，这种隐瞒会加大企业重整风险，容易使他方利益受损。在庭外协商的过程中，当债务人信息披露不足或隐瞒重要信息，重整计划会被主张具有欺诈风险，从而导致协议被撤销，丧失效力。

《破产法司法解释（三）》第十条赋予了单个债权人在知情权得不到保障时可以直接向人民法院请求信息披露。同时该司法解释也进一步明确了人民法院的监督职责，确保债权人及利害关系人在管理人怠于履行信息披露的义务时，应当能够及时获得信息。虽然存在清偿顺序，但所有债权人和利益相关方都应当公平被告知企业信息，才有助于其对重整方案的接受。依据债权人会议的请求，重整执行人应当定期向债权人汇报重整进度和落实情况。如果利害关系人认为重整草案损害其正当利益，或者披露情况有违事实，可以向人民法院提出异议，保障自己的权益。

在预重整程序中，临时管理人也应当履行调查、协助义务，定期向人民法院报告工作，充分监督债务人及企业的信息披露内容。新修改的《证券法》规定了上市公司的强制信息披露，要求上市公司需在重组报告书中明确披露必要信息，明确要切实保障投资者等主体的合法权益，严厉打击虚假重组、逃避监管等行为。

（三）预防企业的重整失败

一般重整失败的企业可能出现的情况有很多：债务人与债权人之间缺乏协商，导致不同利益体相互对立、升级矛盾；重整方案不具有可行性，对债权人、股东利益安排偏颇，缺乏利益保护等。重整前有关重整草案的制定、利益分配、信息公开等问题已是状况百出，人民法院裁定企业重整后的继续经营需要面临更多的问题：如何稳定提升企业的产品价值、偿还债款，这些问题放在实际操作中很难把握。

企业选择预重整程序并不代表一定能够重整成功，但是可以减少风险。首先，依据预重整操作指引所示，企业预重整申请时已经对该企业进行实质审查，认定企业具备预重整程序的资产与实力。其次，一份公平、合理的预重整方案在提交人民法院审理前需要债权人、股东、投资人进行多轮沟通。利用专业化的评估和分析，满足各方利益诉求，才能形成一份利益平衡、公正合理的重整方案。重整方案的合理性、可行性直接影响到能否顺利完成重整程序，当事方对此都给予了极大的关注。最后，执行预重整的期限并不算长，预重整周期大概在三至四个月（深圳），或者六至九个月（南京），通过预重整期间的谈判协商能够帮助判断企业是否具有重整价值和重整可能性，如果发现不具备重整条件，或者出现一些不利倾向，可以及时转入破产清算，减少企业重整失败的可能。

随着我国供给侧结构性改革的深入推进，政府、司法机关对于预重整制度的建设都提供了帮助和支持。在《企业破产法》配套制度尚不成熟的情况下，建立制度化的破产审判府院联动机制，能够帮助破产企业重整建立快捷途径。府院联动机制是目前破产审判中衍生出的一种新型机制，由政府主导破产企业重整的行政事项、人民法院主导司法程序推进的一体化处理模式。假如企业需要进行工商登记、税务申报、行政审批等程序，职能部门如果各自为政很可能影响重整进程。因此需要本部门利用资源配置能力，协调参与破产预重整工作，更好地发挥预重整的作用，为国家调整经济结构、发展市场经济提供保障。

府院联动机制强调的是信息互通、相互协调，以最高的效率、最低的成本及时救助企业，推动供给侧改革，发挥政府在稳定经济秩序中的行政职能，过去的传统重整制度审理周期长，容易产生不稳定因素。例如，职工安置、民间借贷纠纷等问题，原因之一就是政府的职能缺位。很多地方政府因为缺乏对企业管理的了解，不敢进行企业重整操作，或者因为乱作为加速了企业的消亡，导致重整失败。构建联动机制正是通过政府和人民法院的联合，利用各自的协调能力和资源配置能力，帮助企业参与重整协调工作，提高重整效率，减少重整失败的影响因素。

政府和人民法院的介入能够充分发挥政府稳定社会、进行市场管理职能。一方面，府院联合能够提前预防危机。例如，在协商阶段出现了争议纠纷、项目投资失败等问题都会预示着企业再次陷入经济困境，影响后续重整进程。通过府院介入能够了解企业的症结所在，通过评估研判企业的风险状况，能够帮助企业及时采取或重整，或清算的后续行动。另一方面，府院联合能够对企业进行救助。缺乏资源配置的企业即便是拥有优质资产，也无法靠自身力量独自拯救企业。府院的适度参与，能够协调债务人重新调动企业的生产活力，完成资源的合理配置，在目前我国强调的供给侧改革、处置僵尸企业等背景下，面对深陷困境的企业，政府出台了一系列救助措施，如税费优惠、股权调整、信用恢复等保障性方案，促进企业的重整过程更加合理、合法、高效。

一份完整、合理的重整方案还需要合理调整破产的衍生问题。因此，需要充分发挥府院和各相关部门的职能作用，共同建立领导小组，统筹解决企业破产工作中存在的问题。破产企业重整是一个复杂的过程，其中涉及债务清偿、企业拯救，以及一系列社会衍生问题。例如，大型企业中的职工安置、融资信用恢复等问题，需要府院的配合协调。政府对企业重整的支持有助于维护社会稳定。通过各部门之间积极沟通，能够及时处置突发事件，确保社会矛盾得到化解。如果经过小组研究、讨论发现，企业缺乏竞争力、产能过剩的问题，处于"无力挽救"的情形中，也能及时破产清算，引导企业通过破产程序有序退市。

二、企业破产预重整制度的完善

建立重整制度的目的在于保护企业，并拯救困境企业的业务运营，使其能够继续经营。预重整模式融合了我国传统重整程序的优势，成为企业重整选择的第三种路径。目前我国法律仅设有原则性条款，缺乏具体操作规则。笔者建议通过破产法确立企业预重整的标准，明确预重整方案的法律效力，同时在预重整法定期限内给予利益相关人一定的保护，以此更好地解决企业的生存危机。

（一）企业预重整的标准构建

1.企业预重整的主要考虑因素

结合以上论述，笔者认为对于适用预重整模式的企业类型应当考虑以下四个方面。

（1）陷入困境。要确认企业是否能够被拯救，需要先辨别企业困境到底是属于经济困境还是财务困境。经济困境属于经济学意义上的企业失败，而财务困境表示企业出现资金链断裂，缺乏流动资金，无法及时偿还到期债务，任何一个企业都有可能陷入资不抵债或流动资金不足等局面，如果因为暂时的资金链断裂而解散一个大有前途的企业，无异于是对市场和投资者的重大打击。因此，为了保障债权人利益和社会效益，只有经济上具有生存能力的公司才值得被拯救。

（2）具有营运价值。营运价值是指企业作为一个持续经营的组织所涵盖的全部价值，包括有形资产、无形资产，以及各种交易成本。除此之外，企业的管理、架构等都会影响到企业的预估价值。建立破产重整的初衷是为了重整企业，能使其继续经营，只有当企业的"营运价值"大于清算价值时，破产重整制度才能最大化公司价值。判断"营运价值"应当先考虑"多元利益"的制衡，考虑企业总体价值；其次是与企业的壳价值相区分，明确设置预重整程序并不是为了给借壳上市的战略投资者赚取利益，而是为了挽救和保留那些仍有发展价值却困于财务问题的企业。

（3）股权结构复杂，对时间依存度高。大型企业涉及预重整程序，往往存在股权结构庞大复杂、参与成员众多等特征。假设长期自有资金不足，可能借助高利息融资、银行借贷等方式维持企业经营，导致公司资不抵债，不能清偿到期债务。企业经营不善，出现财务危机，有可能会牵涉其他关联企业，造成大规模的企业债务危机。此时应当及时采取遏制措施，防范风险增加，防止市场经济关系的进一步紧张。如果不能及时进行预重整，导致资产滞销，会加速资产价值减损，会对日后的重整、清算程序带来消极影响。

（4）涉及社会稳定。维护社会稳定是企业重整的目标之一，及时重整与就业、金融关系、税务缴纳有直接联系。重整制度的产生是为了减少资产价值流失和失业、连锁破产等局面，本质上是为了拯救社会资源浪费。但司法、行政部门按照正式重整程序或清算程序进行债务清算，同样需要花费时间成本，员工面临失业风险并未减少，大规模的员工失业会严重影响到社会稳定关系。预重整程序的私下协商，主要是基于社会整体利益的理性判断，能够适时解决员工、金融等问题，减少社会不安因素。

2.企业预重整的具体制度设计

预重整的先决条件应当与破产重整的原因基本保持一致，即《破产法》中所规定的"不能清偿到期债务"且"资不抵债"。在实践中，人民法院和管理人对于困境企业"资不抵债"的初步认定不能仅看其所出示的资产负债表，还应该结合债务人、债权人等当事方提供的信息，以及市场经济运行情况综合考虑。关于企业适用的具体标准，《深圳中院审理重整案件指引》《南京市中级人民法院关于规范重整程序适用 提升企业挽救效能的审判指引》等文件对于申请企业的规定具有涉及，因此适用企业应当满足以下要求。

（1）企业类型应当符合国家产业政策，具有行业前景。

（2）企业规模应当符合债权人数众多、职工数量大，或者是地区间影响力较大的大型企业、上市公司等，是当地核心优质企业。

（3）企业运营存在经济困境，但债务人不存在损害债权人利益的行为，债务人企业的内部能够正常运营。

（4）企业存在多家关联企业，或者构成产业链上下游企业关系，可能会影响到社会经济利益，产生重大不稳定因素。

（二）企业预重整方案的表决与审查

重整方案的制定应是多方协商完成，通过表决的方式调整重整方案。表决方式原则上应当尊重意思自治，如果出现分歧，也可通过司法强制力维护社会秩序稳定。

1.企业预重整的方案表决

（1）表决分组。与重整程序相似，针对预重整方案表决分组，应当以债务人确定的日期确定债权人规模，以债务人或者管理人的申请进行债权分组。例如，可以按照债权性质分类，设立普通债权组、职工债权组、税款债权组等，分别对预重整草案进行表决。对于暂时不能确认的债权，人民法院可以临时确认表决权。对于权益未受影响的债权人，不应当参与重整计划草案的表决。大型企业往往债权人数较多，不同类型债权人追求利益多样。为了方便重整计划草案的通过，可以在遵循法定分组的前提下再分类，用不同的受偿方式满足不同债权人的利益需求，保障预重整草案顺利通过，促进企业重生。

（2）通过标准。除了应当按照《企业破产法》的相关流程进行投票表决外，可以建立补充投票制度进一步阻却风险。比如，第一次投票过后，赋予债权人一定时间的考虑期，管理人可以与其继续沟通，也避免异议债权人在预重整期间提出诉讼。等考虑期满，债权人再进行补充表决。

第一，债权人组。为了达到重整效果，债务人有权在预重整期间内征集债权人表决预重整方案。债权人应当按照破产法相关规定，对预重整计划进行投票表决。要求同一表决组中的债权人过半数同意，且代表的债权总额占全部债权总额的三分之二以上。双重批准能够避免少数人借助优势地位控制表决结果，尊重债权人意思自治。但即便人数符合要求，但如果没有达到债权总额的三分之二以上，该表决组就不能通过重整计划。这种不统一的计算标准有失公平，因此可以设定预重整计划的表决标准为出席会议的债权人过半数同意，且其所代表的债权额占出席会议的债权人所代表的债权额的三分之二以上，视为该表决组已通过预重整计划草案。如果债务人在方案表决前隐瞒重要信息、披露虚假信息，则利益受到影响的权利人有权要求重新对破产企业价值进行评估，并且重新进行方案表决。

第二，出资人组。鉴于出资人组表决的事项涉及出资人自身权益调整，包括债转股、让渡股份、出售股份还债等事项，通常会减少出资人的权益，考虑到要提高重整效率，通过重整计划，建议预重整制度参照最高人民法院在2012年发布的《关于审理上市公司破产重整案件工作座谈会纪要》，如果参与表决的出资人所持表决权占三分之二以上赞成，视为通过重整计划。

2.企业预重整的法院审查

企业在申请破产重整前会委托审计与评估机构、政府参与成立工作小组，通过协商讨论制定出一套比较成熟的重整草案。人民法院在审查时有必要按照《企业破产法》第八十一条，对草案的内容予以识别，比如是否已经明确提出可行的经营方案、措施、费用等内容，是否符合《合同法》及其司法解释等相关法律法规，不具有法定无效事由等。关于重整企业的识别审查，《破产审判工作会议纪要》中指出，人民法院应当判断企业是否具备重整条件，重整方案是否符合法律规定，表决程序是否公平公正以及债权、债务关系认定等程序。再结合我国的国情和资本市场特点，通过了解债务人的资产状况、行业前景等情况，判断债务人企业是否具有重整价值。人民法院作为重整草案的审查主体，对于重整草案的审查需要遵循三个原则。

（1）最大利益原则。最大利益原则来源于宪法的财产权保护条款，从债权人角度而言，债权人在预重整程序中获得的清偿比例不能低于破产清算中的清偿比例，否则预重整制度将失去意义。建议将此原则作为人民法院批准重整草案的一般性要件，如果部分债权人反对重整草案，人民法院应当对该债权人的清算价值进行实质审查，如果该债权人的清算价值确实未得到保障，即便表决组已经通过重整草案，人民法院也不得批准，从而在根本上维护我国重整制度的正当性。

（2）公平对待原则。重整方案的内容应当公平对待每一个表决组、不同债权人的正当利益。《企业破产法》第四十六条第二款规定，附利息的债权自破产申请受理时停止计息。由于预重整方式尚无法律规定，因此不能享受《企业破产法》及相关规定中的债务人的权利保护，比如执行程序中止、管理人的合同解除权等。公平是重整制度的目的之一，但不仅仅是包含公平清偿，同时还要估计受企业经营困难影响的非请求权人和其他案外人的利益。如何解决社会利益冲突也是预重整制度需要面临的问题之一。通常来说，只有当债务人的利益得到保障后，债权人、出资人等相关者的利益才能得到保护。因此建议权利的起止期间应当按照人民法院裁定受理破产申请的时间为限，如果人民法院尚未裁定受理破产申请，仍旧应当享受计息、执行、拒绝履行等正当权利。预重整制度强调通过协商，确定当事人之间的权利义务关系，也是为保护所有当事人的合法权益，能够为因经营失败而受损的利益相关者提供一个共同讨论损失分配的机会。

（3）可行性原则。人民法院应当自收到预重整草案后及时召开债权人会议，投票表决重整计划。由于预重整仍处于创新模式，各地对于计划通过的时间、方式有所不同。比如，浙江温州在预重整期间召开债权人会议表决，由政府召集对重整方案进行预表决；深圳中院则是采用人民法院裁定受理重整申请后召开债权人会议表决。其中包含研究讨论重整计划是否具有可行性，人民法院应当进行充分的研判；继续经营方案是否可行；案件的执行过程是否可行。

在草案确定后，人民法院可以进行预重整登记，使预重整工作获得司法效力，针对重整草案的强制批准，首先应当明确破产重整的重点是维持企业运营。企业重整中的各项价值衡量、资金整合配置、利害主体之间的关系等评估都需要利用市场的基础性作用推进重整程序。由企业实际控制人决策企业经营事务，进行商业判断。人民法院应当审慎适用《企业破产法》第八十七条，不得滥用批准权，合议庭可以就是否采取强制性批准重整计划进行听证调查。在部分表决组不赞成重整方案的情况下，人民法院应当通过法定程序进行讨论、批准。

（三）企业预重整债权协商制度的完善

完善的债权协商制度有助于构建良好的营商环境，并稳定市场经济秩序。破产预重整程序的关键在于利益相关方能够针对企业各项事务进行协商。例如，债务人和债权人协商改变债务清偿条件，实行减免债务、减少利息、延期付款等债务优惠，这些协商结果最终形成了重整草案。

1.保障充分的协商环境

（1）加强引导，构建良性互动机制。法治化开展企业债务重整要求政府不得过度干预。但如果没有政府的牵头、参与，纯粹靠当事人在没有司法干预的情况下，通过协商决定困境企业的命运，显然缺乏公平，预重整的后果将难以预估。协商主要是为了解决公司内部信息不对称、经营权与管理权相分离导致利益分配失衡的问题。设立预重整制度的优势应当建立在当事人积极谈判的基础上，由管理人、实际控制人积极引导谈判行为向均衡结果发展。面对大型企业重整，建议构建以政府为主导、人民法院积极介入、管理人具体参与的良性互动机制。通过政府的主动帮扶，将谈判结果成文化、标准化，填补自由协商的漏洞，引导当事人追寻正向经济效果，为企业争取最大化利益。这样既减轻了企业包袱，也为协商实施重整方案奠定了基础，保障重整程序的顺利进行。

（2）公平对待债权人。债权人是预重整谈判中的关键力量，基于不同性质的债权都具有不同的权利内容。通过不同类型利益方的相互监督、制约有助于保障协商结果的公平、公正。企业重整主要的法定分组模式一般分为有担保债权人组、优先债权人组、无担保债权人组。应该公平对待每一个类型的债权人，确保不同类型的债权人能够依据某种可预期的顺位秩序获得公平分配，避免某些具有优势的债权人因为获得既定顺位秩序而享受优待，造成分配不公现象。债权协商的一般结果是要求债权人减少债权金额或推迟债务履行。债权减让的部分会被折抵成免责效力，直接与债权人利益相关。担保债权人通过行使自身特定权利来保障权益的同时，无担保债权人可以通过债权人会议对债务人进行外部监督。应当充分发挥核心债权人在债权协商中的作用，带动其余债权人同意重整方案，同时相互制约、监督防止出现一方独大，不公平对待的局面。

2.保证协商充分的制度

虽然预重整进入司法程序阶段后花费时间相比庭内重整程序有所减少，但各方主体之间复杂的利益冲突不可避免。确保协商充分能保障当事方之间信息对称，在计划中体现各方诉求。因此整个重整程序可能需要花费更长时间。协商制度不仅要注重公平公正原则，还要有期限设置，防止当事方无止无尽的协商。

除了立法、司法理念上由人民法院主导转变到自由协商外，现有重整制度也应有所改进，给予当事人充分协商的权利。建议提供当事人谈判的保障机制，比如如果第一次表决未通过，可以通过与未同意计划的表决组进行协商、说明；如果在最长规定期限内，债务人或者债权人没有提出重整计划，或者重整计划没有通过表决，其他利益相关人有权提出重整计划。

（四）企业预重整信息披露制度的完善

关于信息披露制度的构建，首先应当明确预重整期间，债务人负有充分履行信息披露和通知义务；其次如债权人、企业出资人、重整投资方等多个利益相关方，都应当拥有对企业重要信息的知情权。债权人对预重整计划的表决和通过，取决于债务人的信息披露义务。如果债务人尚未充分披露，表明债权人并未完全了解债务人信息,此时形成的预重整计划并无任何意义。

1.提高信息披露的意识

企业预重整成功需要具备的基本条件有以下几点。

(1)债务人能够客观评估企业财政情况的严重程度。

(2)企业愿意且有能力承担预重整费用。

(3)重整方案具有可行性。

(4)多数债权人愿意接受预重整。

由于信息不对称会产生不公平的交易或竞争并引发很多问题,如果被发现存在欺诈、重大信息违法披露等现象,应当强制退市。应当提升实际控制人、管理层、部门人员的信息披露意识,明确披露主体积极履行信息披露责任和可能造成的严重后果,只有在预重整程序中通过对企业营业状况和财务信息等进行公布,才能真正实现债务人、债权人等多方意思自治的谈判和调解,更清晰地了解困境企业现状,才能帮助利害关系人正确识别企业价值,帮助企业正常生产经营,走出困境。如今《证券法》《上市公司信息披露管理办法》等规定的出台,逐步构建信息披露制度,对于市场经济秩序进行公开化、透明化监管。只要被认定是披露主体,就有义务负有披露责任。通过对企业管理人、债务人等主体设立较高的要求,要求各方主体树立披露意识,遵循披露程序,完善披露信息,帮助重整企业获得更大的利益。

2.明确信息披露的范围与方式

信息披露是破产法立法规制的重点,应当对披露的具体内容予以规定。在预重整程序中,信息披露的程度和债权协商结果紧密相关,信息披露义务是破产企业的法定职责之一。我国破产法中对于信息披露的规定过于笼统,企业进入预重整程序后,掌握"重大"披露信息的管理者应当负有披露义务。针对信息披露问题,债务企业在庭外协商时应根据实际情况进行信息补充披露,达到"全面、准确、合法"的标准。披露内容应当包含指定披露的主体、形式、程度、监管机构等。重整方案必须对债权人、股东针对重整计划履行"充分说明"的义务,对必要开支和费用做出真实的记录和说明。包括债权人想要了解的有关公司经营情况、债权债务关系,以及法官想要了解的有关重整和预重整程序中所包含的信息。除了按照其他部门法律、管理办法等，对公司规定相关信息进行披露义务外，破产企业还应定期向债权人、股东及社会公众进行报告，并对披露信息负责。人民法院可以委派行政机关调解组织、专业人员等社会机构，作为独立第三方参与预重整程序。通过中介机构运用财务审计、资产评估等手段对公司情况进行分析梳理，反映公司价值、排查法律风险、研究问题症结，既能为重整程序指明方向，同时也为投资人提供融资依据，提高决策效率。

如果缺少对企业经营、交易事项等重要信息的公布，债权人等相关利益人难以全面了解企业现状，也不能准确识别企业价值，容易做出错误判断。有关被披露信息的程序，可以参考联邦破产法典和判例。在人民法院受理企业重整前，应当规定以下几种前置程序：①召开听证会；②逐级层报人民法院以获得批准；③经过证监会的审核；④得到地方政府的批准。

应当明确人民法院对信息披露有监管和帮助职责，如果当事方无法享有知情权，或者不能被公平告知企业信息，可以直接向人民法院请求信息披露。新《证券法》对信息披露义务人提出了更高的要求，因此如果相关主体未按规定履行披露义务，可能会承担行政责任，并且受到行政处罚。

（五）设定企业预重整与重整程序的衔接

预重整作为一种破产重整的创新模式，最终目标是进入法定重整程序。预重整程序本身独立于人民法院破产审判，如果各方在其中不能协调一致，仅凭一套重整方案进入重整程序，反而影响重整效率，所以与后期重整的过渡程序尤为重要。

1.规范程序的转化

从庭外重组到庭内重整程序的过渡，应当合理把握两程序衔接时间长度及程序转化时间，对于把握企业经营生产情况，决定重整方式有重要意义。因此预重整程序转入正式重整程序的时间选择，会直接影响债权、债务清偿时间，如果没有发生法定的可撤销事由，预重整期间外已经发生的清偿不能在事后的破产程序中被撤销。预重整期间应当启动集体清偿，中止债权清偿、提起诉讼、执行程序等一系列可能影响到企业资产完整性的行为。预重整期间，企业的实际管理人拥有自主经营权，可以安排企业正常运营，一旦进入正式重整程序后，企业的生产经营将受到人民法院的监督,甚至可能由破产管理人接手管理公司运营,过早的司法介入会影响到企业的正常经营,导致利益群体对企业的信任程度减低,可能会对公司经营产生不良影响,增大重整的不确定性。由于预重整期间主要以协商形式谈判,尚未完全公开企业困境,债务人企业可以依据自身情况,判断债务危机公开的合适时间,以及决定转入破产程序的时间节点,如果出现了因徒困境等情形,需要行政机关、人民法院的介入,及时进行程序转化,法律应当对预重整时间进行规范,谈判期限、重整草案投票表决等都需要在法定期间内完成。假若重整一计划草案已经获得债权人通过,此时企业应当向人民法院一并提交预重整工作报告和重整计划草案,人民法院再结合管理人的监督、调研情况,考虑重整方案的合法性、可行性,在法定期限内做出是否受理重整申请的裁定。

2.加强外部的保障

(1)加强部门职能。政府应当全程介入预重整程序,参与沟通协商。庭外重组阶段的行政、司法机关通过参与协商,能够较多地掌握债务企业信息,对企业的基本情况及重整面临的问题较为熟悉,对于重整可能性也有较为公平、公正的认识,因此在进入破产程序后仍应当继续参与。

为了保障重整程序顺利进行,可以设立临时保护机构,如债权人委员会机制,对相关利益方进行集中管辖。针对金融行业,为了化解大型困境企业的债务问题,通过建立金融机构债委会,与债权人庭外协商。债委会应当保证债权人一致行动,对企业中涉及的金融债权问题予以协调、解决。目前,债委会机制仅作为协商机制,并不是法定程序,针对债务重组也并没有强制力,导致债务会决议的约束力相对较弱。建议将金融机构债委会职能法定化,形成集体协商、决策的平台,形成相关金融债权处置的解决方案。在进入破产程序后,金融债委会应当继续承继其在庭外协商中的积极作用,协助推动企业化解债务危机,监督管理人、企业的重整工作。如果遇到金融债权谈判困难的问题,政府部门应当积极调解债权人和企业之间的矛盾,通过部门之间的协调、服务职能,真正展现政府公共服务职能。

(2)提供政策支持。政府及相关部门应当制定预重整的支持政策,借助已建立的破产审判府院联动机制及金融、税务机构,对符合条件的项目提供财税、行政审批等方面的减免优惠,争取信贷支持、政策扶持,帮助困境企业存续。庭内重整和庭外重组虽然程序特点各有差异,但在具体的债务处置方面有共同特点,如采取债务豁免、抵消、债转股等方式对企业负债进行规划和调整。当预重整程序完成,进入重整程序后,重整草案可以选择性继承重组方案,针对方案中不完善、未获债权人同意的条款寻找替代解决方式,以便实现庭外重组与庭内重整的良好衔接,提高企业重整的成功率。

3.设定"禁反言"条款

表决权人的表决行为属于民事法律行为,需要明确的意思表示。这种意思表示决定了对公司未来重整的实施决策、发展方向。因此,诚实信用与禁反言作为司法机关衡量表决行为的标准,能够判断意思表示是否真实,这对于维系公司稳定,保障交易有重要意义。

介入重整程序前的预重整程序完全是一种市场化行为,当事方通过商务谈判达成债权清偿协议,并在此基础上拟定重整草案。由于缺乏明确的法律规定,部分债权人在人民法院受理重整案件后,对预重整阶段做出的重整草案予以否认,不认可自己的债权削减承诺。预重整程序转入重整程序的核心要求是,明确庭外重组协议内容与重整计划草案的内容一致。因此设定"禁反言"表决条款要求债权人不能反悔自己在预重整阶段所作的表态和承诺,否则预重整阶段的设置将毫无意义。浙江省高级人民法院认为,预重整期间形成的重整草案,适用前提应当是债权人做出的承诺为不可反悔。目前仅《浙江省高级人民法院关于企业破产案件建议审若干问题的纪要》第九条对"禁反言"有所涉及。在现有法律体系中,要保证庭外协商结果在进入重整程序后获得效力,有两种实现方式:一是基于法律规定;二是基于协议约定。针对上述情形,目前我国尚未从法律层面对协商结果的效力予以规定。建议地方人民法院可以对此做出一些规定,明确债权人在预登记期间,针对重整方案所做出的承诺不可反悔,在企业进入破产程序后,当事人的承诺依然具有拘束力。

当事方也可以采取协议约定的方式,明确预重整期间形成的决议,在进入重整程序后仍应有效,尤其是对预重整的表决效力。约定债务人在谈判中已确定的表态和表决均具有约束力,是不可撤销、不可反悔的承诺。债务人进入破产程序后,仍应当对之前谈判的承诺承担责任,这样的重整方案才能够对所有债权人、股东和债务人具有约束力。设定"禁反言"条款可以防止预重整程序与重整程序的过渡期间，个别债权人违反承诺，确保了预重整程序的严肃性，避免损害其他债权人和债务人的合法权益。

结束语

本书通过分析现代企业破产的前沿问题，探寻促进现代企业破产制度构建的创新对策。全书以破产与破产法认知、企业破产的申请与受理、破产程序中的基本原则为切入点，不仅探讨了企业破产的宣告、变价、分配、终结，以及企业破产清算的内部控制，还探讨了企业破产中的税收优先权与新生税收等相关问题，并且对破产管理人、现代企业破产预重整进行了深入探讨，为建构现代企业破产制度奠定理论基础。

参考文献

一、著作类

[1] 韩艳翠. 税收实务[M]. 3版. 南京：东南大学出版社，2017.

[2] 江丁库. 破产预重整法律实务[M]. 北京：人民法院出版社，2019.

[3] 栾甫贵. 论企业破产清算的内部控制[M]. 北京：首都经济贸易大学出版社，2014.

[4] 马骏，叶通明，张丽平，等. 企业破产法一本通[M]. 北京：法律出版社，2020.

[5] 孙创前. 破产管理人实务操作指引[M]. 2版. 北京：法律出版社，2018.

[6] 张思星. 企业破产全流程：实务操作与案例精解[M]. 北京：中信出版社，2021.

二、期刊类

[1] 曾康霖. 依法治国，需要建立和完善企业破产制度[J]. 东岳论丛，2016，37（04）：23-29.

[2] 程萍. 企业破产清算中的内部控制探讨[J]. 法制博览，2020（35）：47-48.

[3] 范志勇. 论企业破产与税收征管程序的调适[J]. 河北法学，2018，36（09）：162-177.

[4] 胡海. 税收优先权与担保物权的冲突与调适[J]. 税务研究，2017（12）：74-76.

[5] 胡海. 税收优先权与担保物权的效力冲突分析[J]. 湖湘论坛，2017，30（06）：146-149.

[6] 李俊英，黄轶琛. 税收优先权适用范围的法律规制研究[J]. 税务研究，2020

（05）：83-89.

[7] 刘惠明，牟乐．新型企业拯救模式：预重整制度[J]．财会月刊，2021（21）：115-120.

[8] 刘宁．宣告破产后转重整的合法性分析[J]．政法论坛，2019，37（05）：169-174.

[9] 刘文婷．论我国目前破产管理人监督制度与完善机制[J]．特区经济，2020（11）：112-114.

[10] 罗敏．破产程序新生税费之性质省思及税务处理调适[J]．财会月刊，2021（06）：153-160.

[11] 卿云，周芯竹，杨锦成．企业破产重整中税收债权清偿的政策建议[J]．税务研究，2017（04）：127-128.

[12] 宋辉．破产管理人民事责任：现状、问题与完善[J]．人民论坛·学术前沿，2020（22）：116-119.

[13] 唐媛媛，王虹．破产清算程序中的税收债权问题：基于破产法与税法的冲突[J]．税务与经济，2020（04）：63-70.

[14] 王静，蒋伟．破产管理人自治模式实证研究[J]．法律适用（司法案件），2018（14）：72-77.

[15] 王欣新．建立市场化法治化的预重整制度[J]．政法论丛，2021（06）：73-85.

[16] 王雄飞，李杰．破产程序中税收优先权与担保物权的冲突和解决[J]．法律适用，2018（09）：89-94.

[17] 颜延，解应贵．破产程序中的税收债权保护[J]．税务研究，2017（06）：79-82.

[18] 杨必成，耿涛．浅议企业破产重整中的财税问题[J]．中国注册会计师，2021（01）：101-104.

[19] 杨亮．破产程序中税收优先权的捍卫和思考[J]．税务研究，2020（08）：85-89.

[20] 张松，王怡．企业破产程序中的若干税收法律问题[J]．税务与经济，2019（04）：89-93.

[21] 张亚楠．完善我国破产保护制度的若干思考[J]．政治与法律，2015（02）：

9-20.

[22] 赵小芹，秦瑞鑫. 论我国预重整之程序构建[J]. 长白学刊，2022（02）：83-91.